国家自然科学基金项目“创新型企业持续创新机遇的决策模式和机制研究”(71262016)，国家自然科学基金项目“创新型企业持续创新过程战略风险决策及预警研究”(71663058)，国家自然科学基金项目“西部资源型产业技术创新战略联盟稳定性建模及协同机制研究”(71663062)

创新型企业持续创新机遇的决策模式与机制研究

段云龙　刘永松　杨立生　张　颖　著

科学出版社
北　京

内 容 简 介

本书以我国创新型企业的实践为背景，以持续创新理论、机遇管理理论、决策理论和系统工程理论为基础，构建了创新型企业持续创新机遇决策过程模型，把机遇决策过程界定为机遇发现与识别、分析与度量、对策决策及实施决策。本书从重大环境机遇、技术机遇、经营者人因机遇、重大创新项目机遇和风险性机遇五个方面，构建创新型企业持续创新机遇发现与识别模式，运用属性测度法构建创新型企业持续创新机遇度量模型，运用直觉模糊多属性法构建创新型企业持续创新机遇决策模型，从组织结构与人员配备建设、重大风险预警机制、重大机遇预报机制等方面构建创新型企业持续创新机遇决策机制。本书研究成果能为我国创新型企业在持续创新过程中更好地对重大机遇进行识别、评价并做出决策提供较强的借鉴和参考，并为政府管理部门支持创新型企业建设提供理论依据，从而为建设创新型国家战略目标的实现提供保障。

本书适合于从事创新管理和机遇管理研究的专家学者以及博士生、硕士生阅读，也可为政府管理者提供理论参考。

图书在版编目(CIP)数据

创新型企业持续创新机遇的决策模式与机制研究/段云龙等著.—北京 :科学出版社, 2019.9

ISBN 978-7-03-060110-0

Ⅰ.①创… Ⅱ.①段… Ⅲ.①企业创新-研究-中国 Ⅳ.①F279.23

中国版本图书馆 CIP 数据核字 (2018) 第 288233 号

责任编辑：张 展 孟 锐/责任校对：彭 映
责任印制：罗 科/封面设计：墨创文化

科学出版社出版
北京东黄城根北街16号
邮政编码：100717
http://www.sciencep.com

成都锦瑞印刷有限责任公司印刷
科学出版社发行 各地新华书店经销

*

2019年9月第 一 版 开本：B5（720×1000）
2019年9月第一次印刷 印张：13
字数：266 000

定价：98.00元

（如有印装质量问题，我社负责调换）

前　　言

本书以我国创新型企业实践为背景，以持续创新理论、机遇管理理论、决策理论和系统工程理论为基础，运用多属性决策、结构方程、属性测度、多元回归等方法技术，构建创新型企业持续创新机遇决策模式与机制，从而实现提升创新型企业机遇决策能力和水平的目的。

研究内容设计上，本书构建了创新型企业持续创新机遇决策过程模型，把机遇决策过程界定为机遇发现与识别、分析与度量、对策决策及实施决策。对于机遇的发现与识别模式，本书从重大环境机遇、技术机遇、经营者人因机遇、重大创新项目机遇和风险性机遇五个方面，构建创新型企业持续创新机遇假设集，通过因子分析和多元回归分析识别出持续创新机遇关键因素集；对于机遇的分析与度量模式，本书以识别出的关键创新机遇集为指标体系，构建基于属性测度法的持续创新机遇度量模型，并以云南铜业集团为实际案例对该模型进行验证；对于机遇的对策决策模式，本书基于持续创新机遇决策的特点，结合多属性决策方法，构建基于直觉模糊多属性的机遇决策模型，结合云南铜业集团案例以及机遇评价结果，设计决策方案进行分析，从利润、成本、损失、风险和后悔值五个指标属性对持续创新机遇决策方案进行评估，从而选择出满意的机遇决策方案；对于机遇决策实施，本书从机遇决策机制组织结构与人员配备建设、创新型企业持续创新重大风险预警机制、创新型企业重大机遇预报机制构建等方面构建创新型企业持续创新机遇决策机制，从而更好地实施决策。

综合而言，本书从持续创新视角研究创新型企业建设，这对于深化和完善持续创新理论，丰富和发展创新管理和机遇管理理论具有重要的理论价值。同时，本书研究成果可为我国创新型企业，尤其是西部省区创新型企业在持续创新过程中更好地对重大机遇进行识别、评价并做出决策提供较强的借鉴和参考，并为政府管理部门支持创新型企业建设提供理论依据，从而为建设创新型国家战略目标提供保障。

前　言

本书以我国创新型企业实践为背景，以持续创新理论、机遇管理理论、决策理论和系统工程理论为基础，运用多属性决策、结构方程、属性测度、多元回归等方法技术，构建创新型企业持续创新机遇决策模式与机制，从而实现提升创新型企业机遇决策能力和水平的目的。

研究内容设计上，本书构建了创新型企业持续创新机遇决策过程模型，把机遇决策过程界定为机遇发现与识别、分析与度量、对策决策及实施决策。对于机遇的发现与识别模式，本书从重大环境机遇、技术机遇、经营者人因机遇、重大创新项目机遇和风险性机遇五个方面，构建创新型企业持续创新机遇假设集，通过因子分析和多元回归分析识别出持续创新机遇关键因素集；对于机遇的分析与度量模式，本书以识别出的关键创新机遇集为指标体系，构建基于属性测度法的持续创新机遇度量模型，并以云南铜业集团为实际案例对该模型进行验证；对于机遇的对策决策模式，本书基于持续创新机遇决策的特点，结合多属性决策方法，构建基于直觉模糊多属性的机遇决策模型，结合云南铜业集团案例以及机遇评价结果，设计决策方案进行分析，从利润、成本、损失、风险和后悔值五个指标属性对持续创新机遇决策方案进行评估，从而选择出满意的机遇决策方案；对于机遇决策实施，本书从机遇决策机制组织结构与人员配备建设、创新型企业持续创新重大风险预警机制、创新型企业重大机遇预报机制构建等方面构建创新型企业持续创新机遇决策机制，从而更好地实施决策。

综合而言，本书从持续创新视角研究创新型企业建设，这对于深化和完善持续创新理论，丰富和发展创新管理和机遇管理理论具有重要的理论价值。同时，本书研究成果可为我国创新型企业，尤其是西部省区创新型企业在持续创新过程中更好地对重大机遇进行识别、评价并做出决策提供较强的借鉴和参考，并为政府管理部门支持创新型企业建设提供理论依据，从而为建设创新型国家战略目标提供保障。

目　　录

目　　录

第1章　绪　　论

党的十九大强调要坚持走中国特色自主创新道路、实施创新驱动发展战略，这是我们党放眼世界、立足全局、面向未来做出的重大决策。习近平总书记也强调，实施创新驱动发展战略决定着中华民族的前途命运，要把创新驱动发展作为面向未来的一项重大战略实施。实施创新驱动发展战略，在2020年实现建成创新型国家的战略目标，核心在于培育自主创新主体，提高企业自主创新能力，积极培育创新型企业。因而，创新型企业的培育和建设成为推动实施创新驱动发展战略的重要载体，是创新型国家实现的重要支撑和保障。

1.1　研究背景及意义

1.1.1　研究背景

2006年，为实现我国在2020年建成创新型国家的战略目标，科技部、国资委和中华全国总工会联合实施了“技术创新引导工程”，该项工作旨在推动我国创新型企业建设。夏冬等(2005)、向刚等(2009)等把创新型企业界定为依靠创新驱动发展的企业，野中郁次郎(1999)、远德玉等(2001)把创新型企业的根本任务界定为实现持续创新。创新型企业是依靠创新驱动发展的企业，它是建设创新型国家的重要载体，其根本任务是持续创新。在持续创新过程中，创新能力是企业实现持续创新的重要驱动力，而企业家发现并捕捉机遇的能力是衡量创新能力的关键要素。Schumpeter(1934)把企业家“能抓住眼前的机会”的“精细”或“敏锐和精力充沛”视为企业家创新能力的核心要素。Drucker(1973)强调企业家决不被动地等待机会，而是通过变化进行有目的、有组织地寻找机会，系统地分析机会，进而系统地创新。因而，创新型企业如何识别并捕捉持续创新机遇，从而成功实现持续创新，已经成为当前我国创新型企业建设的核心问题。基于此，汪应洛等(2004)提出了持续创新机遇的概念并对其重要性、特性、分类及运行规律进行了初步的探讨；向刚等(2004)提出持续创新机遇是企业持续创新实现中除持续创新动力、持续创新能力以外另一个必不可少的要素，它是企业持续创新实现的关键，这些观点已在我国部分创新型企业中得到印证。例如，联想集团在发展过程中成功抓住了“国有民营政策”“从中科院获得分红权和持股权”等重大机遇，从而实现了持续二十余年的创新；红塔集团先后遇到并捕捉到“烟草专卖”“三合一”等重大机遇，从而实现了持续 17 年的创新。因而，在创新驱动发展战略背景下，我国创新型企业持续创新机遇管理亟需前瞻性理论提供指导和参考。

近年来，学术界对机遇管理理论的研究已经有较多积累，对于机遇识别技术和方法、评价方法和模型、实施及应对有了一定的研究，但是当前的研究主要集中在静态分析或定性研究阶段，缺乏对机遇管理进行动态性、层次性、系统性的研究。另外，由于机遇的构成类型、特征、演变规律及其作用机理比较复杂，国内外关于机遇管理的研究文献较少，尤其缺乏对持续创新机遇因素、再生性机遇、系列性机遇进行动态系统研究的文献。由于缺乏机遇管理理论作为指导和参考，创新型企业持续创新过程较难对机遇进行管理和控制，企业由此遭受重大损失，从而影响创新型企业持续创新的实现。在创新型企业持续创新机遇管理中，决策作为机遇管理中非常重要的核心环节，发挥着越来越重要的作用，其水平和质量很大程度上影响和决定创新型企业建设的成败。同时，机遇决策是一个系统过程，包括机遇的识别、评价、决策及实施，因而提高企业家的机遇管理能力，对于提升创新型企业持续创新机遇决策能力和水平，更好地识别、评价并做出机遇决策起着至关重要的作用。基于机遇管理的重要意义，有必要对创新型企业持续创新机遇决策进行深入研究。

1.1.2　研究意义

本书以创新驱动发展战略为背景，以创新型国家建设为目标，以云南省创新型企业为基础，结合我国西部部分创新型企业实践，运用创新管理理论、机遇管理理论、决策理论以及系统工程理论，深入分析并构建创新型企业持续创新机遇决策模式，构建创新型企业持续创新机遇决策机制，从而实现提升创新型企业持续创新机遇决策能力和水平的目的。本书的研究为我国创新型企业，尤其是西部地区和云南省创新型企业在持续创新过程中更好地对机遇进行发现和识别、分析和评价并做出决策提供较强的理论依据和政策参考，并为创新型企业能够更好地识别并控制重大机遇、实现持续创新提供重大的支撑和保障。同时，本书的研究为当地政府管理部门支持创新型企业建设提供一定的理论指导和实践范例，从而更好地制定针对创新型企业建设和发展的政策建议，为我国更好地实施创新驱动发展战略，在 2020 年实现建成创新型国家的战略目标提供坚实的保障，具有重要的实践意义。

此外，本书具有如下三方面的理论价值：第一，本书深入研究创新型企业建设问题，这对于进一步深化和发展创新管理理论，丰富和完善持续创新理论，具有一定的理论价值；第二，本书深入研究创新型企业持续创新机遇决策问题，这对于进一步深化和完善机遇管理和战略管理理论，初步建立创新型企业持续创新机遇管理理论框架，具有一定的理论价值；第三，本书从企业家心理、企业家精神、组织结构、企业文化等方面分析企业家持续创新过程中重大机遇决策的影响要素，从而设计创新型企业持续创新机遇决策机制，这对于进一步拓展行为决策理论，丰富和完善决策科学理论，具有重要的理论价值。

1.2 主要研究内容

本书主要研究创新型企业持续创新机遇决策的重要意义，构建持续创新机遇的决策模式及机制，从而实现提高创新型企业持续创新机遇决策能力和水平的目的。本书的主要研究内容主要分为以下几个部分：

(1)创新型企业概述。从我国建设创新型企业的战略意义入手，结合当前关于创新型企业的研究，从持续创新的视角分析创新型企业的概念、内涵、特征、本质及建设思路。

(2)持续创新机遇概述。在现有持续创新的研究基础上，分析持续创新过程机遇管理的重要性及必要性，分析机遇对于持续创新的作用机理，进一步分析持续创新机遇的概念并对其定义、特性、分类及运行规律进行深入探讨。

(3)构建创新型企业持续创新机遇的决策模式。机遇决策模式是对机遇决策过程、类型及方法的科学客观表述，其目的是为了更好地把握利用企业持续创新过程中的有利形势，实现企业持续跨越式发展。基于决策过程，本书拟把创新型企业持续创新机遇的决策模式界定为机遇的发现与识别、分析与度量、对策决策、实施决策四个阶段。

(4)构建创新型企业持续创新机遇的发现与识别模型。识别作为机遇决策的首要步骤，其水平和质量对于决策结果起着至关重要的作用。首先，结合机遇识别理论提出影响创新型企业持续创新机遇识别因素的假设集，以及决策者决策行为在机遇识别中起调节作用的假设；其次，利用 SPSS 软件，运用因子分析和多元线性回归分析对机遇因素假设集进行识别，构建创新型企业持续创新关键机遇指标体系。

(5) 构建创新型企业持续创新机遇评价模型。基于机遇发现与识别出的关键机遇因素，设计机遇评价指标体系，运用属性测度法构建创新型企业持续创新机遇评价模型，并以云南铜业集团为例进行评价分析。机遇评价模型不仅可以度量机遇整体状况，还可以给出每一等级的机遇大小。

(6) 构建创新型企业持续创新机遇决策模型。识别并评价了机遇以后，需要针对如何有效利用机遇做出决策，从而构建机遇决策模型。首先，机遇决策设计决策方案；其次，选取合适的方法对决策方案进行选择。本书以云南铜业集团为例，结合机遇度量结果及对策建议设计出的机遇决策方案，以直觉模糊多属性群决策模型为基础，从利润、成本、损失、风险和后悔值五个角度对决策方案进行选择，从而选择出较为满意的决策方案。

(7) 分析企业家持续创新机遇决策的影响要素。影响机遇决策的要素众多，而提高企业家机遇决策能力与水平，对于创新型企业实现持续创新起着至关重要的作用。基于此，本书运用结构方程模型，设计假设集并构建模型，对研究假设进行验证，得出创新型企业持续创新机遇决策的影响要素。

(8) 构建创新型企业持续创新机遇决策机制，实施机遇决策。创新型企业持续创新机遇决策机制是机遇管理理论的基础，本书主要从组织结构与人员配备建设、重大风险预警机制、重大机遇预报机制构建三个方面构建创新型企业持续创新机遇决策机制，从而更好地实施机遇决策。

1.3 研究方法

(1) 在企业调研的基础上，综合经济学、管理学、统计学、商务智能与计算机等交叉学科的理论与方法，分析创新型企业持续创新机遇的决策模式与机制。

(2) 运用主成分分析、因子分析、多元回归分析法构建创新型企业持续创新机遇关键因素识别方法，运用属性测度法构建创新型企业持续创新机遇评价模型。

(3)运用头脑风暴法、德尔菲法对创新型企业持续创新机遇的评价指标体系进行筛选和构建;运用直觉模糊多属性群决策方法构建创新型企业持续创新机遇的对策决策模型；运用频数分析、相关分析、结构方程等多种方法对影响企业家机遇决策的要素进行分析。

(4)应用 MATLAB、SPSS、Eviews、SAS 等软件工具，运用数值计算和计算机建模的方法，对建立的模型进行求解。

(5)实地调研法。课题组组成 3 个调研小组共 20 余人次，赴云南省和其他西部部分省区开展调研，收集关联数据，设计调研问卷，特别注重创新型企业战略风险状况，通过系统化实地调研获取一手数据，并结合创新型企业定量指标构建本项目的数据资料基础，做出计算分析。

以上研究方法与建模技术的逻辑关系如图 1.1 所示。

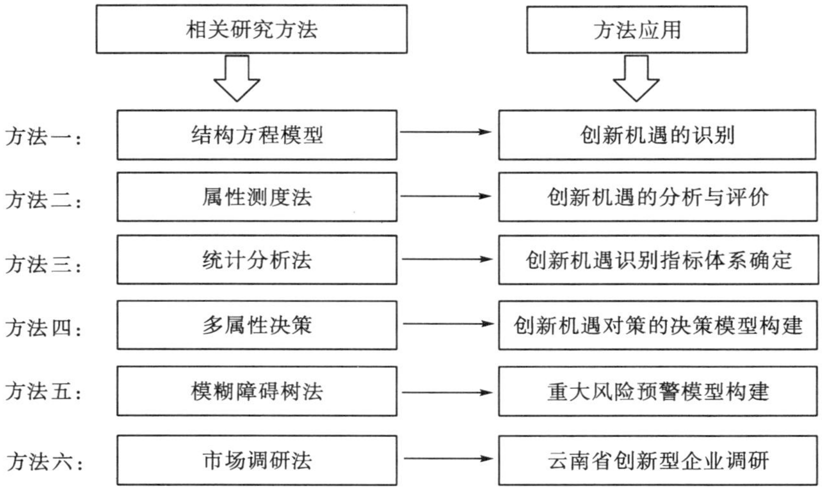

图 1.1 研究方法与建模技术的逻辑关系图

1.4 可能的创新点

本书研究创新型企业持续创新机遇的决策模式与机制，这是一项在创新管理和机遇管理领域具有探索性和创新性的工作，其特色与创新之处在于：

(1) 研究创新型企业持续创新机遇的决策问题，论题具有较强的现实意义。本书的研究成果为我国创新型企业，尤其是云南省和其他西部省区的创新型企业在持续创新过程中更好地对重大机遇进行识别、分析评价并做出决策提供较强的借鉴和参考，并为政府管理部门支持创新型企业建设提供理论依据和范例，从而为实现我国在 2020 年建成创新型国家的战略目标提供坚实保障，因而论题具有较强的现实意义。

(2) 分析并构建创新型企业持续创新机遇的决策模式和机制，初步建立企业持续创新机遇决策的理论框架，研究内容具有一定的理论创新性。本书的研究对于深化和完善持续创新理论，丰富和发展创新管理和机遇管理理论具有重要的理论价值。另外，从企业家心理、企业家精神、企业文化等方面分析企业家机遇决策行为的影响要素，这对于进一步拓展行为决策理论具有重要的理论价值。此外，从持续创新的视角研究创新型企业的本质和内涵，从机遇管理视角研究创新型企业建设，这也具有一定的理论创新性。

(3) 基于风险与机遇并存的理念，提出风险性机遇的概念并对其发现与识别、评价与决策的方法体系进行分析，研究视角具有一定的独特性。当前持续创新机遇的分类主要从技术机遇和市场机遇、战略性机遇和战术性机遇、内部机遇和外部机遇等角度展开，而本书从机遇与风险并存的角度提出风险性机遇的概念并构建其决策模式，因而研究视角具有一定的独特性。

(4)应用数量分析和计算机建模进行实证分析，研究方法具有一定的新颖性。当前机遇管理的研究方法主要是定性分析和理论研究，数量分析和计算机建模的研究很少，而本书探索性地把属性测度法、直觉模糊多属性群决策方法、结构方程模型等方法引入创新型企业持续创新机遇的决策研究，并运用MATLAB、SPSS、Eviws等软件工具进行求解，因而研究方法具有一定的新颖性。

1.5 研究思路及技术路线

本书的研究思路及技术路线如下：第一，明确问题，建立理论研究基础。第二，系统分析，分析创新型企业的概念、特征、内涵，持续创新机遇的概念、特性、类型、作用机理以及形成和演化机制。第三，模型构建。应用统计分析法、技术路线图、直觉模糊多属性群决策方法、属性测度法、结构方程模型等构建企业持续创新机遇的发现与识别、评价与决策模型。第四，模型分析与求解。收集定量和定性指标数据，运用MATLAB、SPSS、Eviews、SAS等软件工具求解模型。第五，系统综合。设计创新型企业持续创新机遇的决策机制，初步建立企业持续创新机遇决策理论框架。本书技术路线如图1.2所示。

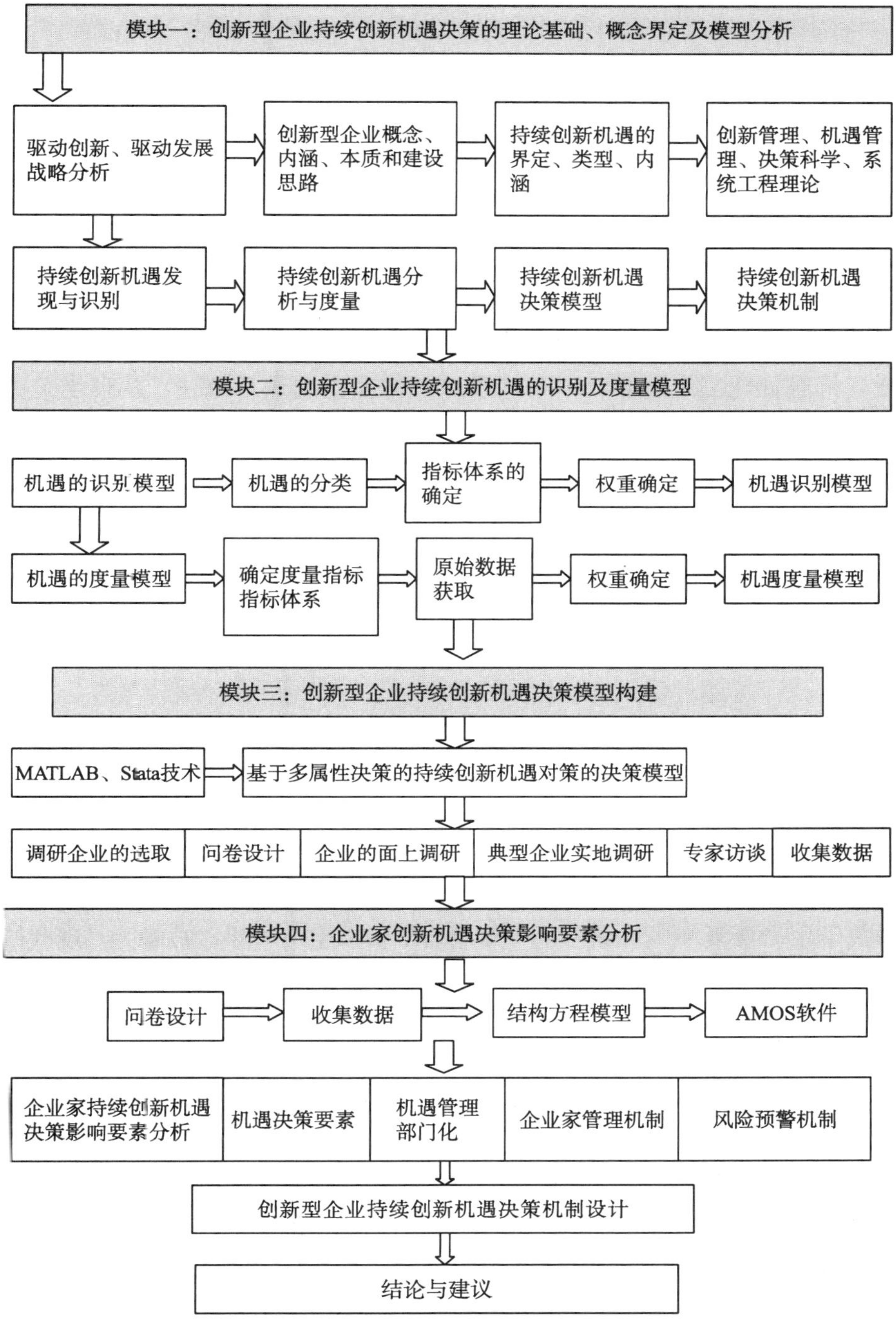
模块一：创新型企业持续创新机遇决策的理论基础、概念界定及模型分析
驱动创新、驱动发展战略分析
创新型企业概念、内涵、本质和建设思路
持续创新机遇的界定、类型、内涵
创新管理、机遇管理、决策科学、系统工程理论
持续创新机遇发现与识别
持续创新机遇分析与度量
持续创新机遇决策模型
持续创新机遇决策机制
模块二：创新型企业持续创新机遇的识别及度量模型
机遇的识别模型
机遇的分类
指标体系的确定
权重确定
机遇识别模型
机遇的度量模型
确定度量指标指标体系
原始数据获取
权重确定
机遇度量模型
模块三：创新型企业持续创新机遇决策模型构建
MATLAB、Stata技术
基于多属性决策的持续创新机遇对策的决策模型
调研企业的选取
问卷设计
企业的面上调研
典型企业实地调研
专家访谈
收集数据
模块四：企业家创新机遇决策影响要素分析
问卷设计
收集数据
结构方程模型
AMOS软件
企业家持续创新机遇决策影响要素分析
机遇决策要素
机遇管理部门化
企业家管理机制
风险预警机制
创新型企业持续创新机遇决策机制设计
结论与建议

图 1.2 技术路线图

第2章　文 献 综 述

创新型企业持续创新机遇决策的研究文献主要集中于创新型企业、持续创新、机遇管理三个层面，本章基于这三方面主题进行综述，梳理当前的研究现状，提出当前研究的不足及对未来研究的展望，从而构建本书研究的理论基础。

2.1　创新型企业研究述评

2.1.1　创新型企业概念及特征的研究述评

(1)创新型企业概念的研究。创新型企业源于 Schumpeter 提出的创新概念。Schumpeter 认为，创新就是建立一种新的生产函数，是把一种从来没有过的关于生产要素和生产条件的“新组合”引入生产体系。被誉为“现代管理学之父”的 Drucker(1973)认为“创新”是生产要素的重新排列，指出创新型企业就是把创新精神制度化而创造出一种创新的习惯。Lefebvre 等(1998)认为创新型企业就是采用先进技术的企业。Pak(2004)提出，创新型企业指其成员通过把创新作为日常工作的一部分来不断更新、完善整个组织。Best(2001)和 Tidd(2001)分别从追求市场机会的角度和与竞争对手相比较的角度定义创新型企业，突破了从企业自身视角定义创新型企业的常规。Nussbaum 等(2005)、Lumpkin 等(1996)从企业新产品开发角度定义创新型企业。国内学者的定义则更多强调新价值的实现(张良，2000；夏冬等，2005；万希，2006；

黄品奇，2003)。2003年，Lazonick(2003)提出，针对当前大多数学者将研究视角集中于“最优化企业”而非“创新型企业”的现象，他认为创新型企业应该致力于改进现有的技术和市场条件，不断地以更低的成本生产出更高质量的产品，并借此将自己与行业中的竞争者区别开。综合而言，目前学术界关于创新型企业的概念尚未有统一的界定，但都以创新为核心进行定义。

(2)创新型企业特征的研究。Lazonick(2003)和O’Sullivan(2000)认为创新型企业具有集体性、积累性和不确定性。较之于传统企业，其更依赖所处的社会(制度)环境。英国学者Freeman等(1992)通过对日本、美国等国家创新活动特征的实证分析，提出创新企业是具有创新精神的企业家推动生产资源形成的“新的组合”，强调专业技术团队的研发投入，并且大企业往往可以成为创新型企业。野中郁次郎(1999)强调知识创新的企业范式，包括投入知识资本、进行知识创新及产出知识产品。刘立(2006)、陈勇星等(2007)、刘吉(2007)把创新型企业的特征归纳为如下几点：创新性、自主性、持续动态性、全面系统性、拥有自主知识产权或知名品牌。罗亚非等(2010)则从文化角度阐述创新型企业的特征，即具有创新发展战略和创新文化。

2.1.2 创新型企业成长和培育的研究述评

(1)创新型企业成长的研究。由于创新型企业往往会因时间和环境的变化而变化，因而关注创新型企业演化和成长过程非常必要。Penrose(1959)继承了Schumpeter(1934)的思想基础，将“企业成长”定义为一个发展的过程并最终达到“规模”扩大的状态，提出企业内部资源是企业成长的动力。随后，包括资源基础观和企业能力理论在内的多个学派从不同角度对此进行了分析，提出企业成长是内生性的，其内在的资源和能力是企业持续获得竞争优势的真正基础。Nelson(1991)提出，不同企业间持久且不易效仿的差异来源于组织上的差异，尤其是创新能力以及能从创新中获利能力的差异。Mahemba 等(2003)对坦桑尼亚制造业中小企业的创新活动及其与成长绩效的关系进行了实证研究，验证了创新对制造业中小企业的成长绩效有积极影响。国内学者从环境和生命周期的角度对创新型企业成长进行了研究(刘立，2006；李浩田等，2009)。此外，张炜等(2008)研究了创新型企业的创新输入、创新过程、创新输出各要素间的影响关系；陈昆玉(2010)对创新型企业的创新活动、股权结构与经营业绩之间的关系进行了研究。

(2)创新型企业培育的研究。Learned(1965)等在商业政策中提出了 SWOT 分析框架，历经战略管理理论的演进而成为一项组织原则保留下来，这属于战略管理范畴，而战略管理的核心是研究企业竞争优势的创造和保持。此外，国内外学者还从人力资源、企业文化等方面对创新型企业培育展开了深入研究(Baccara，2007；Camelo-Ordaz，2008)。Lazonick(2007)结合动态能力概念提出了创新型企业社会条件分析框架，认为研究创新型企业要综合考虑产业条件(技术、市场和竞争)、组织条件(行为、战略和认知)以及制度条件(就业、金融和政府管制)。张海波等(2013)构建了四维度模型，提出企业应关注价值系统、组织系统、技术系统和环境系统等 4 个方面，让其互动和协同。

2.1.3 创新型企业建设、目标及绩效评价的研究述评

(1)创新型企业核心竞争力的研究。我国企业面临商品供过于求、竞争全球化、原有经济发展模式到达瓶颈以及企业经营条件日益恶化等严峻的现状，要想使企业继续生存下去，就应增强核心竞争力。创新是企业核心竞争力的源泉，Prahalad 等(1990)在《哈佛商业评论》发表的《公司的核心竞争力》一文中首次提出了核心竞争力概念，并提出，就短期而言，公司产品的质量和性能决定了公司的竞争力，但长期而言，起决定作用的是造就和增强公司的核心竞

争力。基于此，吴运建等(2008)认为创新型企业建设是非常必要的，创新型企业应将创新精神制度化并培养出一种创新习惯，不断地进行创新活动使创新成果不断涌现，从而培养出企业的核心竞争力。从 2006 年我国就开始了创新型企业建设的试点工作。张赤东(2010)认为它作为国家技术创新工程的重要载体，旨在引导企业加强技术创新能力，引导企业完善技术创新体系建设，增强企业持续自主创新能力，突出企业技术创新的主体地位和作用。

(2)创新型企业建设目标的研究。李兴宽等(2009)认为创新型企业建设是一个目标、一个多种创新类型、多种创新项目的集群动态系统集成的非线性复杂过程，存在创新战略风险、重大创新项目风险、人因风险，因此需要设立创新型企业建设的目标。张赤东(2010)认为，企业层面、产业层面、国家层面、制度层面等四个层面是推进创新型企业建设的目标。对于这些目标的实现，需要鼓励原始创新，引导企业实现创新模式升级、突出发展战略性新兴产业、发挥创新型企业评价的引导作用、完善支持创新型企业建设的配套激励政策。李桂茹等(2012)在国家推进建设“创新型企业”的大背景下，从体制机制、环境政策、财税优惠、项目平台和人才融资等方面，对政府部门围绕创新型企业建设实施的政策措施进行了研究。此外，伍晓强等(2012)、邵君利等(2013)、王茂祥等(2014)学者就现存的问题，对创新型企业建设道路及优化发展进行了探析，提出了一系列相对应的措施。

(3)创新型企业绩效评价方面的研究。刘兰剑等(2013)采用非介入研究、对比研究、综合分析等方法，综合评价了创新型企业建设工程近几年来取得的主要成效。在学术界，许多学者侧重于创新型企业某一方面的评价指标分析，例如，向刚等(2011)建立了创新型企业持续创新动力评价指标体系；赵道致等(2011)从创新型企业的组织结构角度研究其对持续保持竞争优势作用，推导出了先发者保持持续竞争优势的手段，构建模型分析了职能型组织结构如何带给企业持续性竞争优势；何建洪等(2011)从创新能力方面做出评价，认为创新能力在创新型企业形成过程中的关键作用，置于创新型企业评价的核心地位。

2.2 持续创新理论研究述评

创新活动本身具有“间断性”，是非连续性的，持续性的创新活动能够促进企业经济效益持续增长和持续不断发展，为国民财富的持续增长提供可靠的保障。因此，有必要对持续创新的思想来源、重要性、概念、实现途径、持续创新与企业发展等方面进行深入的研究。

2.2.1 持续创新思想来源及重要性研究

(1)持续创新思想来源的研究。持续创新的思想最早来源于 Schumpeter 在《经济发展理论》中提到的创新思想，他认为，在循环流转的均衡状态中，某位企业家敏锐地洞察到创新机会，大胆实施创新，获得超额利润，紧接着便出现许多模仿者，一直到企业家的超额利润逐渐缩小至零，企业又进入均衡状态，最后新的企业家再次通过创新打破原有的均衡状态，这一动态过程永远不会停止。他还提出“创新是一种创造性的毁灭”，即虽然一些企业通过创新实现了发展，但也存在一些失败的企业，他们未能进行创新或是创新失败，从而缺乏竞争力被淘汰。因此，在 20 世纪 80 年代研究日本企业技术创新的过程中，首次提出了持续改进(continuous improvement，CI)的概念，指相关产品和工艺等持续、渐进的变革，每一次改进不一定取得大的效果，但是通过企业持续的改进所产生的经济和社会效益是相当大的。20 世纪 90 年代，学者们把研究重点从持续改进转向持续创新上。《基业长青》《追求卓越》等著作中对持续创新企业案例的研究，都体现出了持续创新的思想。

(2)持续创新重要性的研究。德鲁克提出“不创新即灭亡”“企业不能实现成功的持续创新，也要灭亡”。企业要在竞争激烈的行业当中谋求生存，就应持续创新，持续创新对企业决策具有非常重要的作用，是企业获取竞争优势的重要途径。美国著名的 Little 管理咨询公司发表了《朝着持续创新：进展报告》和《持续创新与变化：基于学习的增长途径》两个重要的研究报告，探讨了企业持续创新的实现途径以及对于实现持续创新十分重要的企业学习培训问题。国内学者向刚(1998)认为持续创新是中国企业经济效益持续增长的可靠源泉，也是当代大企业持续发展的必由之路。企业要了解产业持续创新的模式和规律，增加对持续创新经济价值的认识，培养持续创新能力，消除制度障碍，获取竞争优势。此外，欧盟、美国和加拿大政府以及英国可持续设计中心连续组织了几届关于“持续创新”方向的研讨会，这些都彰显出了当今各国政府和企业对于持续创新重要性的深入认识。

2.2.2 持续创新理论基础的研究

Schumpeter 之后，创新理论演变为两大分支：以技术变革为研究对象的“技术创新”理论和以制度变革为研究对象的“制度创新”理论，这两个理论从不同的角度构建了持续创新的理论基础。

(1)技术创新理论的研究。技术创新是企业家把先进技术和其他生产要素、生产条件形成的一种“创造性的新组合”引入生产体系，通过市场获取潜在利润的活动和过程。1956 年，Solow 在《在资本化过程中的创新：对熊彼特理论的评论》一文中首次提出了技术创新成立的两个条件——思想来源和后阶段发展，这是技术创新界定研究上的一个里程碑。以索洛为代表的新古典经济增长理论，首次将技术进步纳入经济分析的视野，利用总生产函数分析了技术进步在经济增长中的作用。1962 年，Enos 在《石油加工业中的发明与创新》中首次明确地从行为集合角度定义了技术创新，认为“技术创新是几种行为综合的结果。这些行为包括发明的选择、资本投入保证、组织建立、制定计划、招用工人和开辟市场等。”1999 年，Lynn 首次从创新时序过程进行定义，认为技术创新是始于技术的商业潜力的认识而终于将其完全转化为商业化产品的整个行为过程。Mansfield(1971)认为产品创新是从企业对核心产品的构思开始，以新产品的销售和交货为完成标志的探索性活动，这样的定义也是后来学者普遍认可并采用的。Freeman 是技术创新方面的著名学者，1973 年他发表了名为《工业创新中的成功与失败研究》的文章，其中提道：“技术创新是一个技术的、工艺的和商业化的全过程，它导致新产品的市场实现和新技术工艺与装备的商业化应用”。其后，在 1982 年的《工业创新经济学》修订本中明确提出，技术创新就是指新产品、新过程、新系统和新服务的首次商业性转化。

(2)制度创新理论的研究。科斯(Coase)和诺斯(North)是制度创新理论的研究先驱者。1937 年，科斯在《企业的性质》一文中首次提出了交易费用的概念，并用它来解释企业作为一种制度存在的理由。之后，科斯在 1960 年发表了《社会成本问题》一文，更进一步阐述了交易费用为零时生产制度结构存在的重要性。自 20 世纪 70 年代以来，以诺斯为代表的新制度经济学家对制度创新问题展开了深入研究。诺斯认为对经济增长起决定性作用的不是技术创新而是制度创新，正是由于制度上的创新，才能使技术得以创新、资本得以积累、教育得以发展，才使得经济增长。他还解释了为什么现代工业革命首先发生在英国和荷兰，而不是其他国家，其主要原因就在于这两国较早地形成了较为完善的产权制度和专利制度。国内学者中，向刚(2005)认为技术创新理论和制度创新理论共同秉承熊彼特的创新理论基本思想。但对于决定经济增长的决定因素，以及技术创新和制度创新主导地位归属问题的判定，目前尚未准确确定。段云龙(2008)认为经济增长是技术因素和制度因素相互耦合的结果，单一的技术创新因素或制度创新因素不能决定经济增长。

2.2.3　持续创新概念的研究

(1) 国外持续创新概念的研究。1912 年，美籍奥地利经济学家 Schumpeter 首次提出了创新的概念，并把创新界定为一种从来没有过的关于生产要素和生产条件的“新组合”引入生产函数，提出创新理论包括五个方面的内容。Stephen 把持续创新界定为组织上下的每个人随时随地都创新，使创新像呼吸一样自然。Soosay (2005) 认为持续创新是企业不断在组织中应用新的观点和方法的过程，包括企业的所有方面，并需要一套系统的、程序性的、渐进性的或突破性的贯穿于企业所有员工和企业的所有层面的组织的方法。1998 年，欧盟正式立项对 21 世纪的持续创新政策进行研究，并于 1999 年给出了持续创新的两个不同的定义：①创新过程或产出具有持续性目标的创新；②创新过程或产出过程改进环境质量目标的创新。

(2) 国内持续创新概念的研究。国内最早关注持续创新概念的是傅家骥，他提出为诱发企业持续创新，必须创造市场需求，进行市场创新。对企业持续创新给予高度关注并进行深入研究的是向刚，他在 1996 年将企业持续创新定义为：“企业持续创新是企业在一个相当长的时间内，持续不断地推出、实施新的技术创新(含产品、工艺、原料、组织管理和市场创新及其内部扩散) 项目，并不断地实现创新经济效益的过程。”同时，他于 2000 年在原有定义的基础上增加了制度创新与管理创新的内容。此外，夏保华 (2002) 提出持续创新并不等同于技术创新，创新不仅仅包含技术创新，还包括管理创新、制度创新和组织创新等。向刚 (2005) 提出持续创新指创新主体在一个相当长的时期内，持续不断地推出和实施的创新项目(含产品、工艺、市场、组织、管理和制度等方面的创新项目)，并持续不断的进行实现创新经济效益的过程。李支东等 (2010) 认为持续创新是在企业家领导下的、由全体员工参与的一项系统工程，他们把持续创新界定为“企业持续地、创新性地集成其所拥有的所有生产要素，来取得持续的竞争优势，从而获得潜在利润的过程”。

2.2.4 持续创新范畴的研究

(1)持续创新与企业发展的研究。美国麻省理工学院 Utterback(1996)指出：“成功地持续渐进性创新要求产品和工艺达到高度一体化……这一观点现已在制造业及工程和设计中得到广泛应用”。Meyer(1997)考察了 IBM、康柏、施乐、3M 等企业后，认为创新型企业的突出特点是随着时间的失衡，企业不间断地创新，创新型企业只有抓住持续创新才不会衰落。向刚等(1997)分析了玉溪卷烟厂持续至 1997 年近十五年的持续创新过程，利用系统分析模型得出玉溪卷烟厂年均净产值增长率(35.83%)的 80%以上来自企业持续创新的贡献，因此企业持续创新对于企业自身，甚至是整个国家的经济发展都是极为重要的。庞艳桃(2010)研究了企业持续创新体系的运行机制，以二十多年来通过持续创新获得持续成长的海尔集团为例，构建了核心体系和支撑体系，阐明持续创新体系内部的相互关系，凸显出持续创新对企业发展的重要性，为企业成长提供了思路。此外，薛云建(2010)提出，持续创新是现代企业实现可持续发展的必由之路，是破解企业发展宿命论的密码。持续创新可促进企业组织系统的改善和管理效率的提高，是构建企业核心竞争力的主要因素，是推动企业全面协调可持续发展的根本动力。

(2)技术创新与管理创新的研究。技术创新和管理创新是企业持续创新的核心内容。Damanpour 等(1989)指出管理创新和技术创新对企业绩效具有正向作用，管理创新和技术创新的交互对企业绩效具有正向作用。乔丽平等(2016)认为技术创新是关于新技术、新材料、新产品、新工艺方面的“硬件”内容，侧重企业的局部突破，进而提高企业的竞争力；管理创新是关于新组织、新经营管理模式、新生产方式方法和新服务的“软件”内容，是企业运行的基础，相较于技术创新，管理创新在企业持续创新过程中所起的作用更大。此外，持续创新还包括工艺创新、文化创新、营销创新等。

(3) 工艺创新的研究。关于工艺创新的研究，Tidd 等(2001)指出：“在今天的市场中，产品生命周期在不断缩短……在这种形势下，企业的产品更迭能力对企业的生存与发展至关重要”。但产品的开发离不开工艺技术，周正祯(2007)认为工艺创新是在原有工艺技术基础上的改进、完善和提升的过程，同时也包括新技术的创造，工艺创新对于现代企业的发展是一项必不可少的环节，不仅能够提高企业的产品创新能力及市场竞争力，并且可以延长创新企业的领先时间。

(4) 文化创新的研究现状。Hartmann(2006)认为文化能够促进企业成员间的创新，它通过影响员工的行为，使员工接受创新作为一种基本的组织价值观，并使其能更多地参与企业的事务。Jacques(1993)学者用定性或定量的方法研究得出了企业文化影响创新的结论。

(5) 营销创新的研究。Grewal 等(2001)认为，营销创新被认为是企业为顾客创新价值、削弱竞争对手，并为利益相关者创造财富的组织能力。杨伟等(2011)分析了 120 家企业，包括 55 家新创企业和 65 家成熟企业的分类样本数据，提出营销创新与新创企业的绩效呈现 U 型关系，与成熟企业的绩效正相关。

2.2.5 企业持续创新实现的研究

(1) 企业持续创新实现模型的研究。国内外对企业持续创新实现的研究文献较少。William(2001)研究了企业持续创新实现的途径，把 3M 公司作为案例进行了深化分析，指出企业需要遵守一些原则来强化创新：建立目标、员工授权、设立网络、鼓励和支持创新。在国内学者中，林昭文等(2004)提出了阻碍企业实现持续创新的六个方面的障碍，并分析了影响企业实现持续创新的因素，包括创新进取的精神、柔性的组合结构、现实的战略方向、丰富的创新源、全面细致的市场策略等。向刚等(2004)构建了企业持续创新实现模型，提出持续创新动力、持续创新能力以及机遇要素构成了企业持续创新实现机制的三个必不可少的要素，并认为这三种要素之间的良好的相互作用和耦合产生的系统组合效应对实现企业持续创新也是必不可少的。

(2)持续创新动力的研究。Schumpeter在早期提出的创新理论基本思想指出，创新的原动力来自企业对超额利润的追求和企业家精神。向刚等(2004)认为这是创新动力研究的理论基础，提出企业持续创新的根本动力来自企业家和员工对企业利润持续增长和企业持续发展目标的认同。汪应洛等(2004)提出了企业持续创新动力模型，把企业家持续创新意识、企业家持续创新精神、企业家及员工持续创新的物质利益驱动、企业持续创新文化和企业团队精神视为企业内部的动力要素，将科学技术变化、市场需求及市场机制，以及社会经济、文化、科技、生态环境和政治制度的变化和发展视为企业外部动力要素。于绥生(2015)认为企业持续创新的实现需要结合内外两个方面的因素进行分析，既要研究科研人员的兴趣、好奇心、学术竞争等内在动力，又要研究需求牵引、国家政策推动和激励等外在动力，使内外力一起形成合力。

(3)持续创新能力的研究。王文亮等(2006)强调持续创新能力是企业在动态变化的市场环境中主动响应的表现，通过它可以及时、迅速、有效地为市场提供持续不断的新价值，从而实现企业经济效益的持续增长和企业长期稳定发展的多层次综合性能力体系。孙青春(2008)认为企业可持续创新能力体现在可持续的知识创新能力、技术创新能力、组织结构创新能力、企业制度创新能力和企业文化创新能力等方面。耿殿贺等(2010)认为企业处在复杂的、动态变化的环境中，只有通过持续不断地进行产品升级，才能维持企业的核心竞争力，进而维持产品的市场份额和保持良好的先动优势。曹文才等(2013)通过分析企业内外部持续创新能力影响因素，认为企业可与高校等机构建立战略合作伙伴关系，强化企业的创新主体地位，减少对外界的依赖。建立技术创新激励机制，尊重知识和人才，不断改善科技人员知识结构，尤其是针对关键技术人才。此外，赵明元(2011)在向刚研究的基础上，对我国商业银行进行案例研究，试图构建“银行持续创新测评表”并证实银行持续创新的实现机理理论，即持续创新动力、能力、机遇要素及其耦合协调度同银行持续创新实现程度呈正相关。杨栩等(2011)在综合考察国内外企业持续创新的理论基础上，在动态、复杂的环境背景下，提出应用和谐管理理论解决企业持续创新问题。

总体而言，企业实现持续创新要在大的环境下，从某个点切入，结合各种动态的因素分析企业实现持续创新的影响因素，以便提出更适合企业发展的持续创新方式。

2.3　机遇管理理论研究述评

熊彼特在提出创新概念时，就注意到机遇对于创新的特殊重要性。他把企业家“能抓住眼前的机会”的“精细”或“敏锐和精力充沛”视为企业家创新能力的核心要素。由于机遇和机会的英文都用“opportunity”一词，且国内学者并没有对“机遇”和“机会”的概念进行严格的区分和界定，因而有必要对有关机遇(opportunity)的国内外文献进行搜索并整理分析。目前，对“机遇”的研究主要集中于其概念和管理流程。

2.3.1　机遇思想来源及概念的研究

(1)机遇思想来源的研究。机遇思想自古就有。著名数学家 Poincaré(1969)

认为："被我们忽略了的非常微小的原因决定着我们不能忽略的可观结果，而事后我们说这个结果归因于机遇"。Porter(1996)认为机遇出现在重大变革与突破之后，非政府和企业所能控制。著名营销学大师Kotler(1985)认为，机遇就是具有吸引力的且有成功可能的需求。Gaglio等(1992)认为机遇是企业对未来的一种认识，是一种梦想，它可能对企业具有最大的诱惑力。

(2)机遇重要性的研究。机遇重要性也得到众多学者的关注，世界银行两位经济学家指出："机遇在很大程度上决定着一个国家所能取得的繁荣程度"。科技部办公厅的调研结果表明，只有善于抓住机遇，对科学的投资才能给经济和社会带来丰厚的回报。Kirzner(1997)认为企业家在市场中的重要任务就是发现和利用机遇，而不仅仅是找到一种新的创意。

(3)机遇概念的研究。对于机遇的概念，当前的研究主要从市场、创业、技术及管理的角度展开。

①从市场角度的界定。市场机遇也称市场机会或营销机遇，其概念一直处于发展中。Ardichvili等(2003)提出市场机遇应包括产品、服务、市场概念、供应链、市场、运作。Kirzner(1979)指出市场机遇通常以未精确定义的市场需求或未利用或未充分利用的资源的形式出现。Eckhardt等(2003)认为市场机遇能够通过新手段、新目标，使新的商品、服务、原料、市场和组织方法得以实现。

②从创业角度的界定。创业机遇概念的研究主要集中于其定义及来源。创业机遇的定义得到众多国内外学者的关注(Shane et al.，2000；Baron，2006；姜彦福等，2004)，这些定义可把创业机遇大致归纳为通过把各种资源创造性地结合起来，以满足市场的需要，创造价值的一种可能性。创业机遇来源的研究主要有两种：奥地利经济学派和认知学派。奥地利经济学派认为机遇来源于信息的不均衡(Schumpeter，1934；Eckhardt et al.，2003)，认知学派认为机遇来源于创业者个体的认知差异(Kirzner，1979；Timmons，1999)。国内学者邓

学军等(2005)结合相关观点提出，创业机遇是一种满足未满足的有效需要的可能性。彭运芳等(2013)将创业机遇定义为一种新的“目的-手段”关系，具有吸引力、持久性、适时性和动态性的一种商务活动的空间，并最终能给购买者创造或增加使用价值的产品或服务。

③从技术角度的界定。技术机遇概念的研究主要从宏观经济学、创新理论和演化经济学的角度展开。在宏观经济增长理论中，技术机遇被解释为递增回报的来源(Scherer，1999)，在当代创新理论中，存在很多内涵互相重叠的技术机遇概念，从新的技术范式(Dosi，1988)、新的主导设计到新的技术路标(Sahal，1985)等。另外，Klevorick 等(1995)从演化经济学的角度提出了技术机遇的概念。国内学者对于技术机遇主要关注三个方面：企业技术创新过程中的技术机遇及其把握途径(李保明，1990；浦根祥等，1998)；技术机遇的内涵及其与市场机遇、创业机遇之间的关系(姜彦福等，2004)；技术机遇对于企业创新的重大作用(李平等，2006)。

④从管理角度的界定。国外学者研究了机遇与风险的关系(Olsson，2007)、机遇在风险管理中的应用、机遇在项目管理中的应用等问题。黄津孚(2010)研究了机遇的定义、性质、分类、价值评价方式、与风险的关系及形成和演化机制，并对机遇识别、评估、利用和营造四个环节的策略进行了分析。

2.3.2　机遇识别的研究

机遇管理流程通常划分为机遇的识别、评价、决策及营造。当前关于机遇识别的研究主要关注机遇识别的过程、影响因素以及方法技术等。

(1)机遇识别过程的研究。关于机遇识别过程的研究，Lindsay 等(2002)将识别过程分为标准化识别阶段和个性化识别阶段。阿曲威利(Ardichvili et al.，2003)将机遇识别过程分为感知市场需求、识别特定市场需求和资源间的关系以及创造需求几个阶段。Singh 等(1999)将机遇识别过程分为准备、酝酿、洞察、评价和经营五个阶段。Baron(2006)提出机遇识别包括模式识别的过程。

(2)机遇识别影响因素的研究。机遇识别影响因素的研究从主观因素和客观因素角度展开。主观因素的研究主要包括企业家精神、社交网络、信息、调查研究等方面。①企业家精神。a. 企业家意图。罗文军等(2007)认为其反映了企业家的愿景，体现了企业家精神的主观能动性对于识别市场机会的影响。b. 个人特性。Shane 等(2000)指出个人背景对机遇识别有影响作用；Patricia(2010)利用案例证实了斯科特观点的正确性；葛沙沙(2009)通过实地调研，总结出个人特性会影响物流企业市场机遇的识别。c. 先验知识。Baron(2006)和 Shane 等(2000)认为机遇识别主要靠先验知识及与机遇相关的信息。d. 认知能力。姜勇(2007)论述了认知能力是如何影响战略转型过程中机遇识别的。f. 企业家警觉。1973 年，Kirzner 提出机遇识别与企业家警觉有着紧密的联系；康妮·玛丽(Connie Marie G)等提出企业家警觉性影响机遇识别的假设，并建立了影响模型，验证了这一假设的正确性。②社交网络。Koning 等(1999)提出企业家网络是识别机遇的重要因素；Alexander 等(2003)指出企业家的关系与机遇的个性识别密切相关，因为社会关系影响了企业家识别机遇的知识和能力；肖洪钧等(2005)根据 Alexander 等(2003)提出的社会网络影响机遇识别的问题，建议企业家要充分调动各种社会关系，最大范围地搜集意见和建议；邓学军等(2005)在 Alexander 等(2003)的基础上提出成功的创业机会识别有赖于社会网络的运用。③信息。信息本身属于客观因素，但主观因素的信息主要指有效地利用信息及信息不对称。Alexander 等(2003)运用澳大利亚经济案例证实了信息不对称在于不同人之间，并会影响对机遇的识别；肖洪钧等(2005)指出，信息不对称影响机遇的识别，建立完善的市场信息系统是非常必要的。在现今如此激烈的竞争中，企业抓住机遇迎接挑战的关键在于企业庞大而复杂的信息网络，企业信息化程度影响物流企业乃至所有企业市场机遇的识别（葛沙沙，2009）。④调查研究。何显威等（2003）认为经常性的市场研究可以补充不足的信息资料，如果没有市场研究，只靠主观臆断或者偶然性的分析预测是不可能识别市场机遇并把它转变成为企业成功机遇的；Alexander 等（2003）研究发现，机遇来源于目的性研究中的意外发现，当研究者处于被动研究时，这种意外的发现可能源于高度的企业家警觉。

机遇识别影响要素中客观因素的研究主要从外部环境和机遇本身进行研究。①外部环境。外部环境包括市场、经济、技术、文化、政治、社会等。机遇的产生是由于社会上的需求未得到满足，这种未得到满足的需求往往是由于企业外部环境发生变化而产生的（石春生等，2006）。周虹等（2001）也认同环境本身影响机遇的识别，包括环境的变化、对环境的认识程度；黄津孚（2005）从五个方面（经济，社会、文化、人口和环境，政治、法律和教育、技术和竞争者）分析了机遇识别如何受外部环境的影响。②机遇本身。Alexander 等（2003）把机遇的发展过程编成一个机遇类型矩阵，从价值诉求和价值创造能力两方面把机遇分成四种类型，由于在信念、偏好、信息拥有等方面的不同，企业家不能完全采用同样的方式来识别机遇，不同类型的机遇需要用不同的方法来识别；康妮·玛丽（Connie Marie G）等指出识别机遇就要区别不同的机遇类型，要清楚机遇生命周期的不同阶段。

（3）机遇识别研究小结。综合当前对机遇识别的研究，总体还处于静态、初期的研究阶段。Drucker（1973）系统总结了企业家捕捉创新机遇的七个主要途径：①从意外变化中捕捉机遇；②从实际和设想的不一致中捕捉机遇；③从过程的需要中捕捉机遇；④从行业和市场结构的变化中捕捉机遇；⑤从人口状况的变化中捕捉机遇；⑥从观念和认识的变化中捕捉机遇；⑦从新知识、新技术中捕捉机遇。目前虽然研究了机遇识别的过程、影响要素及识别技术，但总体来说相关研究文献较少，研究深度不够。识别方法的研究没有运用大数据技术，没有运用数据挖掘、神经网络等工具和技术对机遇进行识别。机遇识别影响要素的研究没有进行归纳和总结，没有对现有的影响要素进行分类。

2.3.3 机遇评价的研究

机遇价值评价是机遇管理的核心组成部分，目前机遇评价的研究主要关注评价指标体系及方法。

(1)机遇评价体系构建的研究。一般而言，只有机遇产生的收益大于成本才能利用机遇，机遇价值评价可从直接收益和直接成本比较的角度展开。然而，当前企业所处环境愈发复杂多变，利润已不是企业持续创新的唯一目标，机遇价值评价也应从多元化角度进行(段云龙等，2011)。建立评价体系需要遵循系统性、科学性、实用性、互斥性、动态性、稳定性、可比性原则。Timmons(1999)总结概括了更为全面的评价创业机会的框架体系，涉及八类共 53 个指标。姜彦福等(2004)将 Timmons(1999)涉及 53 个指标的评价指标体系引进中国，总结概括出创业机遇的评价分析框架，为之后国内学者研究机遇评价提供必要的理论指导。解进强(2007)提出机遇决策者、决策目标、决策变量、环境变量、决策结果、评价变量以及各变量之间的关系，这七个要素决定了企业机遇决策的效果。机遇评价可从定性和定量评价两个角度分析。

(2)机遇定性评价方法的研究。机遇定性评价方法的研究主要有 Timmons(1999)的创业机会评价框架，其指标包括行业和市场、经济因素、收获条件、竞争优势、管理团队、致命缺陷问题、个人标准及理想与现实的战略差异。Stevenson 等(1994)提出了根据七大类问题评价机遇。Longenecker 等(1986)指出了市场需求、推出时机等创业机遇评价的五项基本标准。谢洪明等(2002)提出了机遇评价框架，包括市场评价及回报评价。Haynie 等(2009)从企业资源计划的角度开发了企业机遇评价模型。

(3)机遇定量评价方法的研究。关于机遇定量评价方法的研究，Burch(1986)提出了四种公认的评价方法：标准打分矩阵法、Westinehouse法、Hanan Potentionmeter法、Baty的选择因素法。Lindsay等(2002)认为机遇评价主要通过对企业各项财务指标、创业团队的构成等进行分析从而决定是否组建企业。黄津孚(2001)从机遇带来直接收益、间接收益以及直接成本和间接成本的角度建立机遇价值评价模型。此外，王吉武等(2008)提出了基于形态分析和联合分析方法的技术机遇评价方法。

(4)机遇评价研究小结。综合而言，不论运用何种方法，都是基于机遇类型进行识别，每个机遇都有不同的特点和属性，有的可以量化，有的不能量化。因此，单纯的定性或定量评价方法难以对机遇进行有效评价，但是通过赋予重要因素大的权值方法也有不足之处。

2.3.4 机遇决策的研究

机遇决策的研究主要集中于决策过程、影响要素及方法。

(1)机遇决策过程及影响要素的研究。Lindsay等(2002)提出了机遇形成的过程模型，并将机遇形成过程分为机遇搜寻、机遇识别及机遇评价三个阶段。解进强(2007)对机遇决策过程及其影响因素进行了研究，提出了基于决策行为七个方面的构成要素：机遇决策者、决策目标、控制变量、环境变量、决策结果、评价变量以及诸变量间关系。他认为决策过程是一个机遇识别、分析评价和机遇利用的过程。企业发展过程中伴随许多大大小小的风险，包括所处的动态变化且复杂的环境、自身能力或素质的限制等。向刚等(2013)基于创新型企业战略转型期重大环境风险的机遇性特征，构建创新型企业战略转型期重大环境风险的机遇决策分析模式，并选取某生物科技公司的机遇进行识别和评判。解进强等(2015)提出了创新型企业可能产生的机遇，它们来自五个要素的耦合，在机遇决策过程中，这五个要素亦可作为影响因素考虑。

(2)机遇决策方法的研究。鉴于人类决策活动越来越复杂，单纯依靠个人或是专家经验难以胜任机遇管理的需要，因此更多的研究应放到多准则决策上。根据决策空间的不同，可将多准则决策分为多属性决策和多目标决策，其中更多的是多属性决策，它针对相互冲突的多个属性(指标)，收集相关的决策信息，采取一定的方式对各备选方案进行评价、权衡并选择较优方案。在企业机遇管理过程中，存在太多的不可变因素，绩效值和属性权重无法用清晰数来表示，因此模糊多属性决策更为适用，通常用三角模糊数、二元语义、区间数模糊集、(区间)直觉模糊集等表示属性值的模糊数。例如，南江霞等(2008)对直觉模糊多属性决策的TOPSIS法进行了细究，用数值与实例证明了该方法的有效性和实用性，为解决企业机遇决策过程中运用直觉模糊多属性决策提供了途径。

2.3.5 机遇利用及营造的研究

对于机遇利用的研究，雷丙寅等(2002)利用系统论关于复杂系统运动与事件系态势场等理论，将机遇管理理论运用到高科技企业的经营管理中，对“寻机、用机、创机”的机遇链进行剖析，论证了“三机”之间的内在联系。汪应洛等(2004)对联想集团发展过程中三次重要机遇的把握和利用情况进行了分析，得出战略性机遇是企业持续创新实现机制中极为重要的特殊要素。赵向阳(2009)对华夏科创公司历史上的几次重要商机和商业想法的识别和开发过程进行描述，讨论了商机识别与外部因素和创业者个人特征的关系。尹志勇(2004)对企业创业过程中的机遇利用问题进行了研究，从目标市场的选择、商业模式、市场开拓、团队管理等四个方面进行了论述。黄津孚提出机遇营造的思路和途径，同时以皮尔卡丹、沃尔玛、诺基亚等公司为例进行了叙述。机遇营造的研究主要集中于如何在企业营造机遇(Patricia，2010)、企业家机遇的营造(Hiatt et al.，2009)。

2.4 企业持续创新机遇管理理论研究述评

企业持续创新机遇是基于机遇对于创新有重大作用而提出的，是企业家创新的核心议题。创新概念的鼻祖 Schumpeter(1934)意识到了机遇对于创新的特殊重要性，提出把企业家“能抓住眼前的机会”的“精细”或“敏锐和精力充沛”视为企业家创新能力的核心要素。Drucker(1973)也强调企业家决不被动地等待机会，而是通过对于变化进行有目的、有组织地寻找机会，系统地分析机会，进而系统创新。

当前关于机遇管理的研究比较全面，国内外学者对机遇的重要性、不同角度的定义、识别、评价、决策等方面都有研究，机遇评价的研究文献越来越多，近年来随着商务智能的迅速发展，新兴技术大量应用于机遇识别和评价，例如，数据挖掘技术广泛应用于机遇识别。然而，当前机遇管理理论的研究仅限于机遇识别和评价，没有把机遇管理作为决策过程进行研究，即没有把机遇识别、评价、决策及其利用和反馈综合起来，从而割裂了机遇管理的完整性和系统性。另外，从市场、技术、创业等角度来分析，机遇有不同的概念，各种机遇在决策过程中涉及的情景和变量存在差异。

目前，对于企业持续创新机遇的研究主要呈现两个趋势(段云龙，2010)。第一，国内外对机遇管理理论的研究还不够深入。当前对机遇管理的研究主要关注机遇的概念、类型、特性，并对机遇识别、价值评价、利用及营造进行了探索，初步勾画出了机遇管理理论的轮廓，但尚未建立机遇管理的理论体系，尤其在机遇识别及价值评价方面尚处于探索阶段。当前机遇识别的研究仅限于传统的识别技术，对于商务智能等技术在机遇识别方面的研究还存在较大空间。此外，机遇价值评价的研究也仅限于机遇收益与机遇成本的简单计算，缺乏对机遇目标、影响机遇各要素的综合评价。第二，国内外对企业持续创新机遇管理理论的研究较少。当前只是提出企业持续创新机遇的概念并对其价值评价进行初步的分析，缺少对企业持续创新机遇管理理论的研究，尤其缺乏企业持续创新机遇的动态识别、价值评价、机遇决策及利用等方面的研究。

2.5 总结与评述

综上所述，创新型企业、持续创新与机遇管理成为当前国内外学者的研究热点，但很少有学者把创新型企业与持续创新、创新型企业与机遇管理、持续创新与机遇管理结合起来研究，创新型企业持续创新机遇管理的研究尚处于起步阶段。然而，这三者间存在非常紧密的联系，创新型企业的本质是持续创新，持续创新能力的提高取决于企业家把握和利用机遇的能力，而持续创新也是发现和营造机遇的过程。基于前面文献可知，目前对机遇价值评价研究尚存在较大的空间，机遇价值评价的研究方向单一，针对具体机遇价值评价的实际应用较为匮乏，没有对比性或验证性的研究成果。另外，机遇识别、评价体系等研究方法过于简单，无法准确将多方面因素的影响程度体现出来。此外，机遇决策对企业持续创新起着越来越重要的作用，在今后的研究中应引起重视。

从现存问题、潜在优势、未来趋向等方面进行分析，得出以下三个方面的研究展望：

(1)系统研究企业持续创新机遇决策理论。在企业持续创新机遇管理过程中，其流程是动态识别、分析评价、做出决策、利用并营造机遇，其中核心环节是机遇决策，它在很大程度上影响和决定着企业持续创新目标的实现，甚至决定企业的生死存亡。关于决策重要性的问题，美国管理学家 Simon 指出："管理就是决策"。现代管理学也认为："管理的重心在经营，经营的关键在决策。”因此，有必要对企业持续创新机遇决策的过程、模型及机制进行系统研究。

(2)正确发挥商务智能在企业持续创新机遇管理中的作用。当今社会是一个信息量极度膨胀的社会，企业家不能仅靠直觉对企业发展做出决策，需要借助高效的计算设备和先进的计算方法对相关信息进行分析，这就需要商务智能技术，从最大范围内对相关信息进行把握、分析和利用，克服对事物认识的主观性和不全面等问题，给出科学的指导意见。此外，企业持续创新过程必然对过时的资料和数据进行保存，积累大量与产品、市场、竞争对手、顾客相关的数据和信息，利用商务智能对企业持续创新机遇进行管理具有科学性和可操作性。例如，运用数据挖掘技术及神经网络开发企业持续创新机遇识别系统。

(3)努力营造企业持续创新机遇。机遇管理理论越来越受到企业的重视，如何营造新的机遇促进企业实现持续创新显得非常重要，这是企业持续创新机遇管理理论未来研究的重大方向。企业面对机遇时往往被动和滞后，因此需要对自身和外部环境进行整体把握，通过科学的预测手段和计算工具，对机遇进行营造，同时，通过战略规划、生产管理、财务管理等手段，建立专门的机遇管理部门，为营造机遇创造条件，实现持续创新与发展。

基于此，本书依据企业技术机遇的特点，构建适合我国企业技术机遇价值评价的指标体系，利用该指标体系对实际中存在的技术机遇进行评价，进一步丰富机遇决策理论。此外，本书对创新型企业持续创新机遇的决策模式与机制进行理论及实证研究，这具有重要的理论价值，同时，研究成果对于政府部门指导创新型企业建设，从而在 2020 年实现建成创新型国家战略目标具有重大的现实意义。

第 3 章　创新型企业持续创新机遇决策模式分析

在科技发展迅猛的全球化时代，创新型企业持续创新机遇决策缺乏理论依据，不能较好地为创新型企业提供机遇决策借鉴和参考，从而较难发现和把握创新机遇，对创新型企业乃至创新型国家建设造成影响。基于此，本章首先对创新型企业的概念、特征、内涵及理论基础进行概述。然后，基于机遇的概念特征进一步分析持续创新机遇，指出机遇决策对于推动创新型企业建设与发展的重要意义。最后，构建创新型企业持续创新机遇的决策模式，同时分别构建持续创新机遇的发现与识别模式、度量模式、对策决策模式以及实施决策模式。

3.1　创新型企业概述

通过界定创新型企业的概念，认识与其他类型企业的联系与区别，可以为创新型企业建设提供发展路径选择，为其提供决策依据，促使其增加创新投入，加强创新管理，完善创新机制，使其具备持续创新能力。

3.1.1　创新型企业的概念

(1) 国外学者的界定。国外学者对创新型企业概念的研究主要是基于创新力的视角。Nussbaum 等 (2005) 指出创新并非灵机一动，而是有迹可循，通过找准新的衡量标准与设计思维，使其设计出的产品在具备独特的创新基因基础上能够满足顾客的需要或具有超前意识，以此建立不断发展的企业文化的企业就是创新型企业。Lazonick(2010)将拥有能够创造创新机会和乐观积极的企业家的企业称为创新型企业。彼得·德鲁克从组织结构和发展战略的视角对创新型企业的概念进行研究，他把创新型企业界定为以组织的形式，把创新精神制度化贯穿于企业日常生活中形成一种创新习惯，以此开展创新的企业。Pak (2004)认为创新型企业是其成员为了不断更新、完善整个组织，把创新作为生产经营服务的一部分，实现持续创新发展的企业。Mintzberg 指出创新型企业是具有创新性组织结构的企业。Cakar 等(2010)认为创新型企业是具有积极的组织文化和绞窄的权利差距的企业。Comelli 等(2007)从研发资源和开放研发模式方面对创新型企业进行界定。Brown 等(2001)则从风险性角度提出那些实施产品创新并承担风险的企业是创新型企业。

(2)国内学者的界定。国内学者主要从自身发展目标、创新所涵盖的时间和空间范畴以及价值体现等角度对其进行界定。陈勇星等(2007)从创新型企业自身发展目标的角度出发，提出创新型企业是引导创新思想，把创新体系作为基础，通过核心竞争力以实现全面持续的自主创新来获取持续性和发展的企业。从创新涵盖的时间和空间范畴的研究来看，郑刚(2006)指出创新型企业就其创新范围在时间、空间上都允许有足够的空间，通过人力、物力、财力、资金、信息等所有可利用资源的整合，从而推进制度、文化、市场、技术等方面的协同创新，并促使企业创新效益远远大于单独进行创新活动能取得的收益。陈春明等(2006)对创新型企业的定义也体现了企业活动的全范围和全过程思想，即以创新为核心。当然，国内学者对创新型企业的定义更多则强调新价值的体现(张良，2000；夏冬等，2005；刘立，2006，向刚等，2009)。

(3)本书的界定。综合以上研究，本书把创新型企业界定为以知识创新、全面创新和持续创新理论为理论基础，以提高核心竞争力为宗旨，健全持续创新机制，增强自主创新能力，以充分实现企业绩效最大化为目标，夯实自身发展根基，从而带动行业和经济社会可持续发展的企业。

3.1.2 创新型企业的内涵及特征

(1)创新型企业的内涵。依据创新型企业的定义，可以从如下几个方面理解创新型企业的内涵：①创新型企业以具有持续创新精神的企业家为主导，其实施的一切创新活动都离不开具有创新精神的企业家的领导。②创新型企业可以是其创新项目及范围不限的任何性质或范畴的企业。③创新型企业是以提升企业自主创新能力为核心的企业；创新型企业可以带动国家和区域的创新能力，实现国家创新体系的有效运作。④创新型企业要求全方位创新。全方位创新需要以制度创新为前提，全面协调各方面的创新利益，包括资源的重新组合，进而实现协同创新。⑤创新型企业要切合企业的自身需要和市场的运作规律，从而实现动态创新。从横向来看，不同企业的物质基础、规模素质及管理手段不同，对创新的侧重点必然不同。例如产学研结合的创新，创新型企业不仅注重企业自身的发展，还要增强同高校、科研院所的合作，进行管理方式和技术的创新，从而实现产学研创新。从纵向来看，企业的内部条件和市场环境在不同发展阶段会发生变化。企业应正确分析自身的发展阶段，进行创新定位，侧重创新的不同方面，并依据条件变化及时调整。

(2)创新型企业特征的研究。从本质而言，创新性是创新型企业最基本的特征。Freeman(1982)从各个角度对创新型企业的特性进行了总结：①具有很强的研发能力；②着手于基础或相关研究；③与竞争对手议价；④其规模条件足以支撑长期资助研发；⑤产品研制周期比同类企业短；⑥愿意冒险；⑦对于潜在市场能够较早且创造性地确定；⑧连续关注潜在市场、培养潜在客户；⑨具备所需的企业家精神；⑩与科学界、顾客保持好的联系。

吴运建等(2008)认为创新型企业具有较强的创新意识,并构建了创新机制和体系。创新型企业的创新精神、创新活动以及创新成果方面与非创新型企业都有显著的区别,具体特征为:①具有创新基因;②构建了创新系统;③全面、人人、时时创新;④创新成果成为企业核心竞争力十分丰富的源泉。

(3)本书的特征界定。根据创新型企业的核心内涵,着眼于全球化背景下新经济时代的城市发展趋势,本书提出,创新型企业除了具有创新性、自主研发性、持续动态性、全面系统性、价值性、适应性和效益性等特征外,还具有导向性、内生性、复杂性、管理信息化、高风险性的特征。创新型企业的导向性表现在创新是前所未有的,它是企业发展的风向标,指引着企业向前发展;创新型企业的内生性体现在企业发展是基于自身的资源和能力基础的"内生式发展模式",其发展的基本推动力是内生的,是建立在"内生资本"上的。从企业系统的角度看,创新型企业的发展呈现出一种有序发展的协同效应,即企业创新的自组织具有内生性,是内部各子系统按照创新型企业发展的需要,能自发形成有利于创新的结构;创新型企业的复杂性主要体现在创新过程的复杂程度上。创新过程的困难和挑战可能是无法预料的,当企业去面对和克服时关键在于管理者的协调和控制能力;创新型企业管理信息化的建设对于提高企业核心竞争力至关重要,特别对于产学研结合的创新型企业来说,不仅能优化内部管理流程,而且能够建立新的信息平台,利于企业集资和吸引客户;创新型企业的高风险性是不可避免的,特别是规模经济发展存在的高风险性,创新和风险是一个不可分割的统一体,企业要实现创新就必须了解企业发展中的不确定性和风险性。

3.1.3 创新型企业与其他企业的区别

根据美国学者 Kumpe 和 Bolwijn 于 1994 年的分析,几十年来,主流的企业发展模式经历了最初的效率型企业、质量型企业，到后来的灵活性企业，现在正向创新型企业转变。创新型企业是具有实施差异化战略内在特质的企业，其中，Kannebley 等(2005)的研究发现，衡量企业是否在市场上推出一个新流程的决定因素，同时也是创新型企业区别于非创新型企业的 4 个指标，为组织规模、投融资来源、产业层级以及出口导向。通常创新型企业都以高新技术产业为主，资本来源中外资比例较高，伴随持续性出口，通常包括资本密集型企业、技术密集型企业，也有少部分传统产业的企业，这部分企业组织规模较大，具有完善的管理层级和组织文化。因此，基于创新型企业独特的内涵和特征，创新型企业与其他类型企业的差异就显而易见，具体区别如下：

(1)创新型企业与效率型企业的差异在于效率型企业大多采取效率型管理模式，这种企业的主要任务是追求生产效率的提高，以生产更多更便宜的产品，而没有注重从质的方面改变产品的创新。

(2)创新型企业与技术型企业的差异在于创新型企业的技术持续创新性和整合的性质。

(3)创新型企业与知识型企业的差异在于创新型企业不仅以知识为主，而且把知识作为企业创新的理论基础，贯穿到每一个创新活动中。

(4)创新型企业与最优化企业的差异在于创新型企业是通过创新和组织能力的积累获得竞争优势，从而改变技术和市场条件。

(5)高创新型企业与低创新型企业从融资效益的角度上分析，高创新型企业更容易筹集到资金和拥有更多的无形资产，如技术、品牌以及一些特殊设备。但往往机遇与风险是对等的，高创新型企业在拥有高回报的同时其破产的风险比低创新型企业更高，因此该类企业应更少地依赖于债务融资以较好地把握机会成本，抓住机遇。

(6)创新型企业与适应性企业的差异在于创新型企业是主动适应环境和社会的变化，而适应性企业是被动地适应环境的变化。

因此，创新型企业的建设是企业发展方向的整体代表，也是未来企业的必经之路。

3.1.4　创新型企业的理论基础

从历史发展理论来看，对于融合了多个学科知识体系的创新型企业而言，创新理论是其创新的灵魂。刘立(2006)认为创新理论从组织形态的要求上与战略管理领域的柔性战略相契合，同时结合企业和环境的动态衍生关系，与实现可持续发展的这个演化理论一脉相承。因此，创新型企业理论要借鉴创新理论、演化理论、柔性战略理论。从创新型企业的运作和发展来看，实现创新型企业的基础条件是知识创新，全面创新则成了创新型企业实现的基本理念，其根本任务就是持续创新。因此，创新型企业的理论基础建立在知识创新理论、全面创新理论和持续创新理论基础上，具体关系如图 3.1 所示。

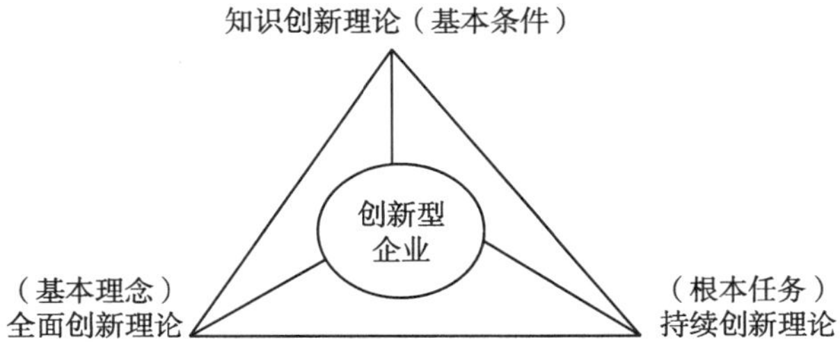

图 3.1　创新型企业的理论基础

1. 知识创新理论

知识创新理论是由日本学者野中郁次郎(1999)提出的，他认为知识创新是从隐性知识到显性知识，从显性知识到隐性知识，再从隐性知识到显性知识的螺旋循环过程。事实上，隐性知识和显性知识不是完全独立的，而是互补的，在人类的知识创新活动实践中，它们交互作用、相互转化。野中郁次郎将这种变化概括为企业知识的创新过程和促进企业知识创新的组织特征。21世纪是知识经济的时代，知识创新已经成为企业发展的核心动力和竞争优势，其特征是：第一，知识创新的形成不是价值链，而是创新的价值体系；第二，知识创新依靠网络化的组织结构；第三，知识创新充分发挥了合作的优势，鼓励知识共享。由此，制度创新、技术创新和管理创新是知识创新的初始化阶段，是实践的过程。

知识创新理论弥补了企业资源理论、企业能力理论以及交易费用理论的不足，直接把知识作为核心概念来研究创新能力的问题。在创新过程中，要解决所面临的各种问题，一个企业不能自发地创造知识，不能单靠知识的简单获取，还需要与其他企业进行知识的融合、交流，创造新的知识，从而提高企业的核心竞争力。创新型企业的创新特性，决定了其对知识创新的依赖程度远高于其他类型的企业。大多以技术为核心的创新型企业，把大量的技术知识作为发现创新的基本前提，通过加强知识管理，从知识的吸收与创新、共享和保护、组织结构调整与重塑、企业文化转变与制度改进等方面实现全面创新，以提高企业持续创新的能力。

2. 全面创新理论

在改革开放初期，体现全面创新思想的“双核心理论”就已经被一些学者提出并展开了详细地研究。据大量研究表明，很多企业创新不成功，归根结底是由于创新过于单一，缺乏完整性和系统性。在当前的市场环境下，企业必须坚定全面创新理念才能立于不败之地，全面创新已经成为企业生存发展的不竭动力和源泉。近年来，对该理论和实践的研究有了新一步的进展，国内外学者相继从不同角度对全面创新理论做出解释。Dundon 等(2001)从生态观的角度认为，每个人都有其独特的创造力，但由于受不同社会环境及不可抗力因素的影响，人的创造力总会存在差异。一个过于趋同化的组织，在一个多样化的生态系统中是不能适应快速变化的环境继续生存的，企业组织的多样性为创新提供了条件。Iansiti 等(1997)提出了技术集成的概念，在这种集成创新的观念中，它把每个已有的技术或要素单项有机结合，把创造性的融合过程作为自主创新的一个重要内容，从而形成一种新的生产函数或制度管理模式，创造出新的经济价值。从演化系统的角度出发，美国学者 Nelson(1991)和 Klevorick 等(1995)认为创新是一个系统的概念，说明了技术创新和理论创新的融合，并创立了创新进化论。从全球化角度来看，互联网经济和全球经济正以惊人的速度发展，许多企业与企业、企业与政府、企业与高校之间通过项目外包、相互竞争合作、战略联盟、网络连线等形式使得其发展不再局限于自身，而是跨越了地区、国家、行业的限制，促进了开发、研究、制造、营销的全球化。

因此，全面创新是通过有效的管理机制创新、方法和工具创新，力求做到人人创新，事事创新，时时创新，处处创新，其内涵为全要素创新、全时空创新、全员创新、全面协同创新。其中，全要素创新是以全面创新为核心，为了实现最佳的创新绩效，通过结合与创新绩效有紧密关系的技术、组织、文化、政策、职员、市场等要素，最终达到全面协同、相互促进的创新机制。全时空创新是基于时间的竞争压力，市场和用户对产品或服务的超前意识日益增强，使创新必须与时俱进、持续不断、永不停歇。全面创新理论为创新型企业的培育和发展提供了更广阔的发展思路，它不单单是技术创新，而且是以知识创新为指导，以技术创新为核心，结合科学的管理机制，发挥企业各方面的创新，使企业实现全面可持续发展。许多学者指出，全面创新要想在企业范围内实现，并不是意外发生或被动的程序，而是要把创新发展成为一种遍布于企业每个部门、每一员工、每个角落的“网络”。因而，全面创新是创新型企业发展的理论基础，是创新型企业实现的必然要求，也是创新型企业实现持续创新的重要保证。

3. 持续创新理论

持续创新是从熊彼特“创新”的概念延伸出来的，指的是企业全方位、不间断的创新，以获取持续的竞争优势，进而获取潜在的利润，它包括技术、市场、制度等方面的不断创新。Meyer(1997)考察了IBM、康柏、施乐、3M等企业后，认为创新型企业的突出特点就是随着时间的推移，企业不间断地、稳定地创新。野中郁次郎(1999)指出，创新型企业的根本任务就是实现持续创新。向刚(1996)指出，一般意义上的企业技术创新并不能使企业获得经济效益的稳定增长，也不足以使企业摆脱困境，走上持续发展之路。他还指出持续创新具有时间持续性、效益增长持续性和发展持续性三个特征。

关于市场持续创新与创新型企业发展的关系， Angel(1994)提出，在高科技公司，持续创新比弹性的概念更能充分地描述组织积累过程，创新是一个全面的过程，不仅仅局限于企业领导及研发实验室，还包括产品与新市场的开拓。在信息时代的推动下，企业不能缺少相应的识别机遇和预测环境变化的能力，不能避免竞争优势被以更快的速度学习或模仿，那么在抓住持续市场创新和技术创新的过程中，不仅要依靠自身独特的资源、知识、技能的积累，还要持续管理创新，以创造更多的为市场带来新价值的突破性新方法。

关于持续管理创新与创新型企业发展的关系，李支东等(2010)指出持续管理创新是企业在动态的市场环境下，通过对其内外部资源进行不断创新性整合来实现其预定目标的过程。在创新型企业持续创新的过程中，持续管理创新是其他创新的基础，甚至可以决定技术和市场创新是否能持续。唐之彦(2005)提出，无论是技术创新、制度创新，还是知识创新，都离不开管理创新，管理创新具有极深厚的哲学认识论底蕴。因此，持续管理创新是当代社会转型的一个内在要求，也是企业创新发展的支撑。

总之，持续创新决定了创新型企业持续发展的稳定性，针对企业面临的环境动态复杂性，企业持续创新能力的强弱成为衡量创新型企业是否健康成长的重要标志，也是决定企业市场地位和成长潜力的重要因素。

3.2　持续创新机遇分析

机遇作为创新发展的重要环节，对于创新型企业建设起着至关重要的作用。本节以创新驱动发展战略为背景，界定持续创新机遇的概念、类型和特征，指出持续创新机遇对于推动创新型企业建设与发展的重要意义。

3.2.1　机遇的概念、特征及分类

1. 机遇概念分析

所谓机遇，从哲学的角度来看，它是以人的活动为前提，是与人和人的活动相联系的，只有那些能被主体认识到的并且被认为对主体活动有利的意外的偶然机会，才能成为机遇。机遇并不是独立存在的，它的主体是人，机遇涉及的是人与人、人与物彼此间的相互关系，所以机遇的存在不可以离开人的活动，离开人的活动来谈机遇是没有多少价值的。

从企业家自身角度来看，机遇就是不稳定的有利形势，而形势指对社会主体的生存发展产生影响的主客观条件的组合，机遇的存在对于企业及个人目标的实现具有极其重要的意义，当然，机遇也是非常不容易把握住的事件，可能会随时消失。Schumpeter 认为评判企业家是否有创新能力的主要标准是，面对眼前的机遇，企业家是否具有发现机遇的能力。他们认为企业家是主动的寻找机遇，而不会被动地等待机遇出现在他们面前，他们寻找机遇通常是有目的、有组织、有计划的，他们会对机遇带来的效益的成本进行系统地分析，进而达到系统的创新。向刚等(2004)根据以上研究成果总结出，企业家持续创新精神

的核心在于对机遇的锲而不舍。而企业家持续创新的核心能力则在于持续不断地识别、发现、捕捉各种机遇，并抓住机遇实现创新效益。

从战略的角度出发， Penrose(1959)指出企业的发展机遇往往存在于企业内部，企业内部剩余的生产性资源是企业得以成长的重要机会，更为重要的是很多时候企业内外难以分割。从绩效的角度出发，李海萍(2004)提出了一个包括市场机会和潜在危险、战略选择及组织绩效的理论框架，并结合中国创新企业的数据作了实证检验，提出创业者面临的机会以及潜在危险将会对创新企业的绩效造成影响，但是这一作用需要通过企业的战略选择来实现。

从企业成长的角度出发，黄津孚(2004)认为所谓机遇，就是有利于社会主体(企业、地区、国家或个人)实现目标的不稳定形势，是对于该社会主体实现目标有显著意义而易于消失的“事件”，机遇是目标和资源等客观因素耦合比较理想，从而有可能获取超常收益的时空区间。从决策的角度出发，Ohsawa(2001)认为，机遇就是对人的决策制定过程具有重要影响的事件或状态。在分析发现机遇的方法上，黄津孚进一步指出，发现机遇的主要策略是通过对目标、资源和能力的相互组合并且进一步的分析，同时结合重要参数的趋势进行机遇的分析与选择。

为了更深入理解机遇对实现创新型企业持续创新的重要作用，正确理解机遇概念，必须区别机会与机遇。首先，机会和机遇都是战略和策略思维的重要概念，长期以来存在严重的认知模糊现象，当把它们混淆于决策过程中时，就可能导致机会主义泛滥而带来严重的后果。毋庸讳言，机遇与机会属于一类范畴，两者都包含实现某种目标的可能性的含义。在管理学特别是战略管理中，总是把组织面临的机会或机遇、威胁与风险作为形势预测分析的重点。两者对于社会主体均提供正面、有益的影响。机遇和机会的发生并不是必然的，而是随机偶然的，具有波动性和实效性。但两者是不同的概念。机会是单因素的概念，一般指客观上有实现目标的可能性，即“不是不可能”。机遇是多因素匹配的概念，是实现目标的有利时机，使企业能力、资源与客观市场环境耦合，它表示具有实实在在的“可能性”，是机会的一种，即机遇是对于实现目标有利但不稳定的形势。

2. 机遇的特征

科学认识机遇的特性，有利于对机遇进行有效的管理，实现机遇的价值。黄学忠(1998)以企业经营视角总结机会有以下基本特性：普遍性、偶然性、消逝性、开发性。房良钧(2003)将机遇的特性分为时限性和不可重复性、偶然性、主体选择性。黄津孚(2001)指出机遇的基础特征有目标对应性、超常收益性、主观条件的耦合性、不稳定性或消失性、伴随风险性等。基于此，本书根据机遇的概念将其特性分为客观性(非客观性)、属人性、偶然(随机)性、时效性、不均等性、选择性、层次性。其中属人性指机遇的存在离不开实践活动，是与人相关联的，属于人的活动，是随机的、意外的非主观条件。只有与人的活动、目的、需求、要求发生关系时，并且对人的活动起到良好的作用，才可以成为机遇。不均等性是因为时间的不可重复性而导致机遇的不均匀分布。在不同的历史条件下，机遇在不同的社会情况下出现的数量和频率是不同的。层次性是因机遇发挥的作用范围大小不同，关键在于主体的运用情况：运用得好，机遇的影响范围广，对于事物的发展起到巨大的作用，则其层次高；运用不好的机遇则功能小，层次低。

3. 机遇类型

根据不同的标准或从不同的角度可把机遇分类如下：①根据适用主体的不同，可分为社会机遇、群体机遇、个人机遇；②按实用领域的差异，可分为全局性机遇和局部性机遇；③按机遇的适用层次，可分为一般机遇和特殊机遇；④按机遇的出现时间，可分为一次性机遇、周期性机遇和随机性机遇；⑤按机遇的共享性，可分为独享性机遇、竞争性机遇和共享性机遇；⑥按与社会主体目标相对应的特性，可分为战略性机遇和非战略性机遇；⑦按机遇的形成过程，可分为潜在性机遇和现实性机遇；⑧按机遇的社会属性分，可分为制度(政策)机遇、市场机遇、经济机遇、科技机遇和生态环境机遇等；⑨按机遇的功能，可分为弹性机遇和非弹性机遇。

黄津孚(2006)指出，机遇的价值可通过分析机遇的稀缺性、机遇的实际利用价值和机遇的持续时间综合评估：①机遇的稀缺性。低概率且具有较大价值的机遇有一过性机遇、独享性机遇和战略性机遇。②机遇的实际利用价值。即该机遇利用后获得的收益与利用该机遇所付出的成本(包括机会成本)之比，其公式为$V_{op}=V_{g}(E_{op}/C_{op})$。式中，$V_{g}$为某一目标的价值，$E_{op}$为利用该机遇后实现该目标所增加的可能性，$C_{op}$为利用该机遇所需付出的代价，一般机遇的实际利用价值大于1。③机遇的持续时间。机遇的利用价值大于1的持续时间越长，机遇的价值越大。④机遇的风险辨析。企业对机遇信息的占有或判断、企业的风险偏好、企业的实力或应对能力决定了企业对风险的判断。而对机遇价值的影响因素主要取决于主体的决策能力以及该主体存在的客体的目标和动机，包括主体精神、主体认知、风险感知、机遇意识、组织结构等因素。

3.2.2 持续创新机遇的概念与特性

目前国内外对持续创新机遇的研究较少，汪应洛(2004)最早提出将机遇引入到企业持续创新理论中。向刚(2006)基于企业持续创新机遇的概念构建了企业持续创新实现模型，提出持续创新机遇是企业持续创新实现过程中除了持续创新动力、能力以外的第三个核心条件。他把企业持续创新机遇定义如下：企业在不断追求创新过程中所形成的一种有利于企业创新目标实现的形势，是企业目标与资源等客观要素的良好耦合状态，进而有可能给创新企业带来超常收益的时空区间。他还进一步指出，因为企业持续创新过程具有持续性，多类型多项目集群的动态系统特性和创新类型构成的全面性，使得企业持续创新机遇具有时空分布的持续性和全面性以及层次性的特点。企业持续创新机遇特性中的全面创新指所有创新类型(包括产品创新、工艺创新、组织创新以及管理创新和制度创新)都可能组合在整个持续创新过程中，而知识创新由于仅强调技术创新而不具有全面性。显然，一般机遇的基本特性和各种类型的机遇，在企业持续创新机遇中都普遍存在。然而，由于企业持续创新过程的持续性、多类型多项目集群的动态系统特性，使得企业持续创新机遇有时空分布的客观性、风险伴随性、持续性和层次性的突出特点。

(1)客观性。作为一个对主体有利的客观条件，机遇在企业持续创新发展过程中，也是客观存在的，而非人的主观臆想的产物。机遇的出现是随机的，不随着主体人的主观意志而转移改变，且具有客观的独立的品格。

(2)风险伴随性。机遇是客观存在的，能否准确把握有利形势，取决于自己掌握的信息、知识和能力，人们的判断与客观情况可能存在差异，行动也有可能落后于形势的变化，所以机遇往往也伴随着风险。

(3)持续性。企业持续创新具有时间持续性，持续创新机遇应该在长达十年的时间区间上持续分布。

(4)层次性。层次性同样是企业持续创新机遇必不可少的特性。一层是致使企业持续创新过程发生全局性的、根本性变化的高层次战略性机遇，另一层是致使企业持续创新过程发生渐进性、连续性局部变化的技术性机遇。

3.2.3　持续创新机遇构成因素

Prahalad 等(1990)探究了为什么总是有企业能够不断地创造新的竞争优势，而其他公司于同一时间只能眼巴巴地旁观或跟随？为何总有公司不停地重新定义产业的范畴，而其他同业却只能遵循既有的游戏规则？究其原因，是企业长期以来的特定假设、前提及观念，限制了企业对自身及其产业的了解，限制了企业创新的步伐，进而限制了企业的持续发展。那么全球性企业今后能否存活，有赖于其企业家或者领导者不断向既有管理框架挑战的强烈意愿、识别和捕捉机遇的水平。因此，创新型企业实现持续创新目标，取决于对持续创新机遇构成要素的充分把握。

企业持续创新机遇体现在自然资源带来的持续创新机遇、科学技术带来的持续创新机遇、政治经济制度带来的持续创新机遇、社会文化带来的持续创新机遇、市场需求带来的机遇这几个方面。

(1)自然资源带来的持续创新机遇包括耗竭性资源带来的持续创新机遇、非耗竭性资源带来的持续创新机遇。自然资源为企业可持续创新提供物质和能量，基于国家、企业能力和对自然资源的供需不同，既定的自然资源条件对不同的国家、不同的企业发挥不同的作用。如果能够获取自然资源并有效发挥其作用，那么自然资源也就成为持续创新机遇的重要构成要素。

(2)科学技术带来的持续创新机遇包括科学成果带来的持续创新机遇、技术发展带来的持续创新机遇。科学技术的发展是人类生存必不可少的基础条件，同时也在时刻改变着人类的生产、生活方式。当然，科学技术并不完全对人类有利，它是把双刃剑，也会给人类带来负面的影响。因此，可持续发展意味着需要一种新的科学技术发展范式，作用于生产过程，满足社会的经济需要，继而调整社会行为，改革或变革政治制度，再影响社会的思想体系和价值观念，并和传统文化相互整合，最终导致社会的整体变迁，为社会带来持续创新机遇。

(3)政治经济制度带来的持续创新机遇，包括企业获得经济、社会、环境效益带来的可持续创新机遇，与经济、社会、环境效益相关的政策带来的持续创新机遇。政治经济制度主要包括国家政策和法律体系，而不包括相应的人或组织以及社会文化体系。制度创新给企业带来的影响是非常重要的，对制度进行创新并且安排企业发现新的持续创新机遇是非常有益的。社会成员在就业选择、投资选择、消费选择方面具有经济自由和实际选择的特性。社会成员受教育程度高，并完全熟悉上述关于选择的相关信息。社会成员希望公司的运作可以基于伦理框架。社会通过有效的法制和管制系统实施基础伦理标准。

(4)社会文化带来的持续创新机遇就是核心价值观和理念带来的持续创新机遇。从历史来看，社会文化一直处于调整变化之中，历史已经证明，“公众的意识确实能在历史的瞬间发生改变”的制度变革，通常源自社会文化观念的转变。综合而言，基本理念、核心价值观、伦理、器物建设四个方面是社会文化特有的。基本理念是指长期以来形成的、或隐或现的思想或假设，对现代社会而言，正义、平等、自由已经成为人们的基本理念；核心价值观指建立在基本理念基础之上，对现实的根本性的价值判断，如公平、民主、法治等已经成为现代社会人们的核心价值观；伦理是指建立在核心价值观之上的行为规范，社会伦理、经济伦理、环境伦理、器物建设与习俗是文化的硬件部分。提高社会文化的可持续性，会给企业持续创新的实现带来机遇。

综合而言，企业持续创新机遇具有时空分布的持续性、全面性、层次性、多类型、多项目集群的动态系统特性，其中层次性是导致企业持续创新过程发生转折性、跨越式变化的高层次战略性机遇。从机遇对于实现目标的意义而言，即贡献程度，机遇价值的大小与其对实现目标的贡献大小成正相关，战略性机遇对目标的实现具有巨大的、长期的影响，其价值较高。同时，企业持续创新过程中经常遇到许多政策和制度，如果成功抓住了这些制度和政策，企业可以从中获得高额收益。持续创新机遇与制度环境密不可分，因而有必要通过制度层面视角分析持续创新的制度机遇。根据企业持续创新机遇具有层次性的特征，可从制度层次性角度分析企业持续创新的制度机遇。对于制度的层次性问题，新制度经济学家早就有所认识。例如，道格拉斯·C.诺思等(2003)将制度分成“基础性制度安排”和“第二级制度安排”，这是从制度的根本和非根本的意义上作的层次性划分。我国学者黄少安(1995)对制度结构的层次性进行分析，他认为，经济制度可以分为三个层次：第一层次是生产资料或生产要素所有制，第二层次是产权制度，第三层次是资源配置的调节制度。这种制度分层基本上是以每一种制度在整个制度结构中的重要程度进行划分的。根据制度层次性的特征，可把企业持续创新机遇划分为战略性制度机遇与非战略性制度机遇，可构建企业持续创新机遇模式如图 3.4 所示。

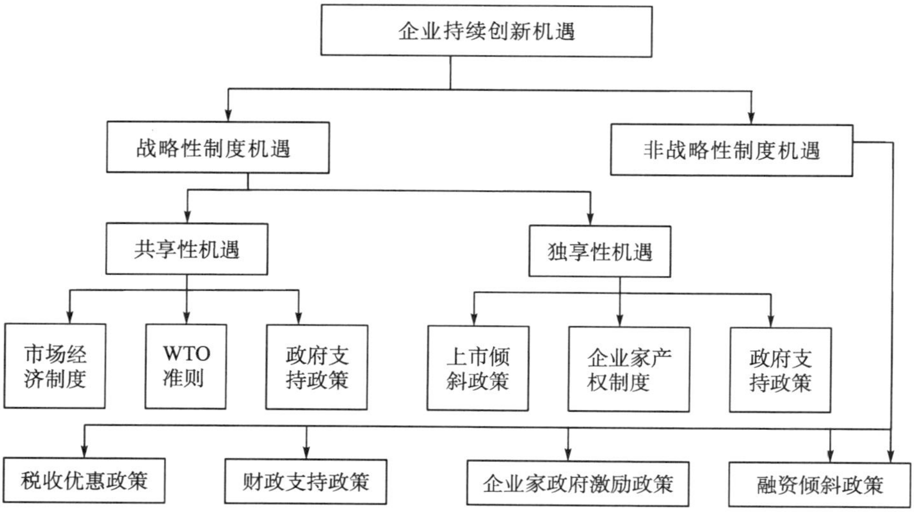

图 3.4　基于制度结构的企业持续创新机遇模式

1. 战略性制度机遇

战略性制度机遇指可以对企业的持续创新产生转折性、跨越性的制度机遇，这对企业的持续创新实现起到关键性的作用。战略性制度机遇的形成过程就是主观条件和客观条件因素相互耦合的结果，寻找企业持续创新过程中的战略制度机遇，要积极发现企业的目标、客观能力和资源与外部环境的变化，不断地对影响这种变化的关键性因素进行追踪与匹配，预测变化的发展趋势。

战略性制度机遇更多的与企业外部制度环境相关，例如，公平竞争的市场环境、专利制度、政府颁布的旨在促进企业创新的政策等。市场制度对企业持续创新产生重大影响的主要机制就是竞争机制。在公平竞争的市场环境下，企业时刻感受到激烈的市场竞争所带来的压力和挑战。如果企业不进行持续创新，不能够持续不断地推出新的产品和工艺，那么企业的产品就会被同行竞争者模仿，在大量模仿者进入市场以后会极大地加剧竞争状况，此时开始价格竞争，企业的利润空间逐渐减少，低竞争力企业必然会被市场淘汰。专利制度产生的机遇对企业持续创新的重大影响，主要表现在能够通过经济利益激励企业的创新热情，从而激励企业进行下一轮的技术创新。在专利制度保护下，企业享有新技术的所有权，可以实现与其他能够形成优势互补的创新型企业合作，继续进行技术研发，使整个行业形成创新氛围。风险投资制度、财政税收制度等制度机遇是政府为促进创新而推出的制度安排。

战略性制度机遇既可以是共享性的制度机遇，也可以是独享性的制度机遇。共享性的制度机遇指所有企业都能从中享有，但并非每一个企业都能抓住的机遇，你不抓住，则其他企业利用后就能建立竞争优势。例如，改革开放政策、市场经济制度等。以联想集团为例，在国家推出支持高科技企业的产权制度改革政策后，联想集团抓住了机遇，适时进行了分红权制度改革，明晰了产权制度，极大地激励了员工的积极性。此外，在我国加入WTO以后，联想集团战略转型方向为国际化市场，但其品牌的国际知名度较低，较难实现国际化。2004年底，IBM有意出售个人PC业务，联想集团抓住了该战略性制度机遇，并购IBM个人PC，使得联想集团的知名度得到极大提高，并拥有Think品牌和世界范围的销售渠道等。独享性的制度机遇指某一些企业单独享有而其他企业不能享有的机遇。例如，海南航空创始人陈峰发现，随着我国经济的持续发展，人们对于航空运输业的需求快速增长，而我国现有机队规模和运力相对于人们日益增长的对航空运输的需求极其不对称，因而这是发展航空运输业的战略性机遇。洞察到这一信息后，陈峰通过政府支持政策和融资分别获得海南省政府和索罗斯的投入资金，创建了海南航空，同时借助金融基金，整合金融资源，迈出了向互联网金融转型的关键一步，将业务聚焦于航空旅游、现代物流和现代金融服务业三大板块。

战略性制度机遇的把握取决于企业决策者发现和捕捉机遇的能力，具体包括：第一，信息的获取能力。企业在搜寻战略性制度机遇的过程中，信息的占有量和信息的质量都影响搜寻机遇的结果。有可能战略性制度机遇已经出现，而企业没有意识到，或者错失某些信息致使发现战略性机遇的时间推迟，从而影响对战略机遇的捕捉。同时，在进行大范围信息搜寻，获取大量的数据信息后，需要对信息进行有效的整理、甄别和提炼。第二，领导者已有的知识结构和水平对其专注的领域发展趋势的预测能力。机遇是在尚未被有效开发和利用的空白点中发现新的突破点，并预测持续创新的方向，以便整合资源、集中开发以及利用此空白点对未来的发展提前做好准备。领导者自身的知识水平和特质决定了企业搜寻持续创新战略机遇的方向。第三，政府的支持性政策。企业进行技术研发的过程中，有必要对所获取的信息进行数据挖掘和情景模拟，需要投入大量的研发资金，可能会出现资金不足的问题，这时政府支持性政策对企业技术创新起到重大的扶持作用。

2. 非战略性制度机遇

非战略性制度机遇指使企业持续创新过程发生渐进性、连续性变化的机遇。战略性制度机遇对企业持续创新的成败起着全局的作用，但其并不是对企业持续创新顺利进行起支撑作用。例如，海航集团起初在资本市场融资；省级以上城市建立的高新区实行的税收优惠政策和创新激励政策等。非战略性制度机遇包括战术性制度机遇，它是影响企业持续创新目标实现的重要因素，是企业目标、资源和能力、外部环境相互作用的体系。例如，企业家培养选拔任用制度、企业家激励制度、监督与约束制度、研究与开发制度、知识产权管理制度、组织结构适应性等，非战略性制度机遇大多来自企业内部的微观调控。

因而，非战略性制度机遇的识别需要提升企业持续创新机遇管理的能力，通过趋势预测，在量变与质变中适时把握，这是企业发现和识别非战略性机遇的关键。然而，非战略性制度机遇隐藏在无数的量变和复杂的不确定环境中，对其进行识别并不容易，这就要求企业采取合适的管理策略。例如，提高企业信息获取能力和重要信息识别能力；充分利用现有的先进技术、智能软件系统等的不断发展，从而为企业提供分析复杂变量的方式；确立创新的长远目标和规划；培养企业家精神，树立正确的价值观，注重自我更新；根据企业的实际情况，加强组织结构建设，减少组织结构层次；塑造企业战略文化，注重员工的参与。

3.3　创新型企业持续创新机遇的决策模式分析

3.3.1　决策模式的界定

创新型企业持续创新机遇决策模式是对创新机遇决策的过程、方法及机制的科学客观表述。机遇决策作为机遇管理中的重要一环，是机遇识别与评价的最终落脚点，因此其地位毋庸置疑。然而，目前对于创新型企业持续创新机遇决策过程的研究，还处于理论探索阶段，尚未构建出有效的决策模型并应用于实际企业运营。对于机遇决策本身也存在一定的争议，有些学者认为其只是决策方案的选取或对策建议的实施，而另一部分学者认为“管理即是决策”，决策指从决策开始到结束期间的整个过程。通过对大量文献及企业决策过程实践的研究，本书把创新机遇决策过程界定为创新机遇的发现与识别、分析与度量、对策决策、实施决策四个阶段。发现与识别是创新型企业持续创新机遇决策最重要的步骤，即通过科学的方法和技术识别出创新型企业持续创新过程中可能存在的机遇类型;分析与度量是对机遇事件发生的可能性和结果进行量化的过程,是科学合理地进行创新机遇决策的基础;对策决策是确定机遇事件最佳对策组合的过程,其目的是尽可能把握和利用潜在的发展机遇,促进企业的持续创新发展;实施决策是将选择出的较为满意的决策方案具体实施、付诸行动的过程,是决策的重要环节,再完美的对策决策也只有得到有效实施才能彰显其意义。创新型企业持续创新机遇决策模式流程如图 3.5 所示。

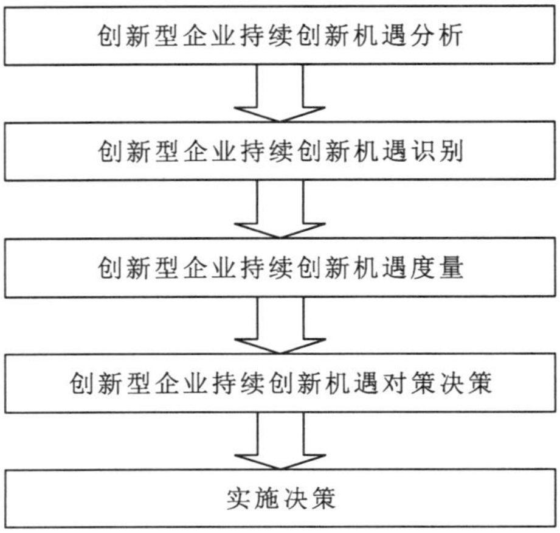

图 3.5 创新型企业持续创新机遇决策模式

3.3.2 创新型企业持续创新机遇的决策过程分析

决策是为了实现一定的目标,决策者采用科学的方法和手段,从两个以上的方案中选择一个较为满意的方案。美国著名管理学者西蒙提出了"管理就是决策"的概念,指企业所做出的日常管理都是进行决策的过程。因此,对创新型企业持续创新机遇管理就是对把握和利用机遇的决策过程。

创新型企业持续创新过程中,创新能力是创新型企业持续创新的重要驱动力,而企业家发现并捕捉机遇的能力是衡量创新能力的关键要素。基于此,汪应洛提出了企业持续创新机遇的概念,指出持续创新机遇是除了持续创新动力、能力以外的促进企业持续创新实现的第三要素，持续创新机遇对于企业持续创新实现起着重大促进和支撑作用。因此，创新型企业如何识别、评价并捕捉有利于企业创新发展的重大机遇，从而实现持续创新和发展，已经成为我国创新型企业建设最核心的关键问题。然而，创新型企业持续创新并不是一帆风顺的，由于机遇与风险并存，如何准确把握创新型企业所面临的创新机遇，并对潜在机遇可能带来的风险进行有效防范，是创新型企业长远发展的核心问题。因此，创新型企业需要对持续创新过程中面临的潜在机遇进行发现、识别、分析和度量，并对机遇利用与否做出决策。然而，目前我国众多企业普遍缺乏机遇管理的前瞻性意识，缺乏对机遇的有效决策和控制能力，因而创新型企业持续创新机遇亟须前瞻性理论指导和参考。

创新型企业在持续创新机遇决策的过程中首先要发现和识别创新机遇，这是机遇决策的基础。发现与识别是机遇决策过程中的首要任务，指利用较为合理的方法与技术甄别出企业潜在的机遇因素；分析与度量是对机遇事件发生的可能性和后果进行量化的过程，是科学合理地进行机遇决策的前提与基础；对策决策是针对创新型企业存在的机遇，制定相应策略，选择正确的机遇决策对策方案，尽可能抓住有利于企业发展的机遇、规避存在较大风险的机遇，以免给企业带来不必要的损失，更好地把握和利用潜在创新机遇。由此可知，创新企业持续创新机遇的决策过程就是对机遇的发现与识别、分析与度量、对策决策和实施决策的过程，具体内容如下：

(1)创新企业持续创新机遇的发现与识别。创新机遇的发现与识别已经成为我国创新型企业建设最核心的问题。创新机遇的发现与识别是对创新型企业持续创新过程中可能存在的或潜在的重要机遇进行发现和识别，或是对创新型企业持续创新过程中有利于创新项目等实施的有利形势进行科学、系统的分类和识别。针对创新型企业持续创新机遇的特点，选择恰当的机遇识别方法，如可拓物元评价模型、因子分析和回归分析等方法，有效识别出创新型企业持续创新机遇。只有正确识别创新机遇，才能更好地采取措施对其进行管理，从而实现创新机遇的准确把握和利用。创新型企业持续创新机遇的识别过程如下：第一，搜集资料，通过市场或实地调研和文献研究的方法确定影响创新型企业持续创新发展的机遇因素集；第二，对创新机遇因素进行分类，确定创新型企业持续创新机遇的类型；第三，运用较为合理的方法对潜在机遇因素进行因子提取，通过降维以去除众多机遇因素间的相关性；第四，利用回归分析法对提取的机遇因子进行回归分析，从而识别出影响创新型企业持续创新发展的关键机遇因素。如图 3.6 所示。

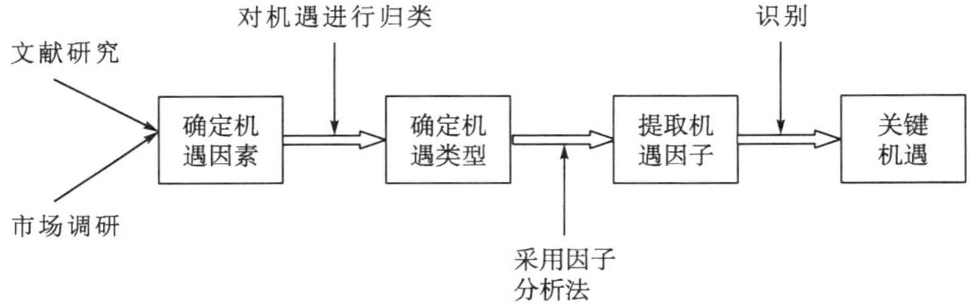

图 3.6 创新型企业持续创新机遇识别

(2)创新企业持续创新机遇的度量。创新企业持续创新机遇度量是对识别出的关键机遇因素的概率和所带来的结果进行量化，它是企业创新机遇决策的基础。创新机遇的度量在机遇决策环节占有非常重要的地位，其度量结果直接关系到识别出的机遇是否值得利用。因此，机遇度量在机遇决策过程中起着承上启下的作用。在当前创新机遇的度量方法研究中，主要侧重于对整体机遇或机遇价值本身，缺乏对其内部各个不同机遇类型的考察，度量方法一般为模糊综合评价法和层次分析法等。模糊综合评价法存在计算复杂且指标权重确定主观性较强的问题，层次分析法在处理复杂、非线性关系数据时存在局限性。因此，通过文献检索及分析，从评价整体和其内部各个机遇类型角度，构建创新型企业持续创新机遇度量模型。基于此，本书构建的创新型企业持续创新机遇度量模型如图 3.7 所示：首先，基于机遇类型建立创新型企业持续创新机遇度量指标体系；其次，设计创新机遇的可能性及创新机遇结果的量化调研问卷，聘请相关专家，利用德尔菲法向专家进行调研；最后，选取创新机遇度量方法，从而构建创新型企业持续创新机遇度量模型。

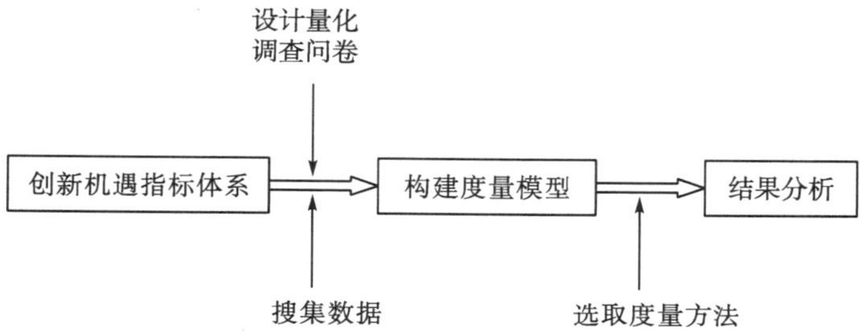

图 3.7　创新型企业持续创新机遇度量

(3)创新型企业持续创新机遇对策决策。创新型企业持续创新机遇识别、度量是为了更好地把握和利用创新机遇，为机遇决策提供信息。对策决策是确定机遇事件最佳对策组合的过程，其目的是尽可能准确把握和利用潜在的创新机遇，以此促进创新型企业持续创新。因此，创新型企业持续创新机遇对策决策就是在面临多个备选方案时，选取最优对策，以有效利用创新机遇。在选择创新机遇决策对策时，需遵循如下原则：第一，利润最大原则。企业的首要目的就是获取最大的经济利润，这是企业持续发展的根本所在；第二，成本最小原则；第三，损失最小原则；第四，风险最小原则；第五，后悔值最小原则。

创新型企业持续创新机遇对策决策过程如图 3.8 所示。首先，依据创新机遇度量的结果和不同的目标制定创新机遇对策决策方案；其次，运用科学的方法对制定出的决策进行比较分析，确定这些决策方案的优劣顺序；最后，对结果进行分析并做出机遇决策。

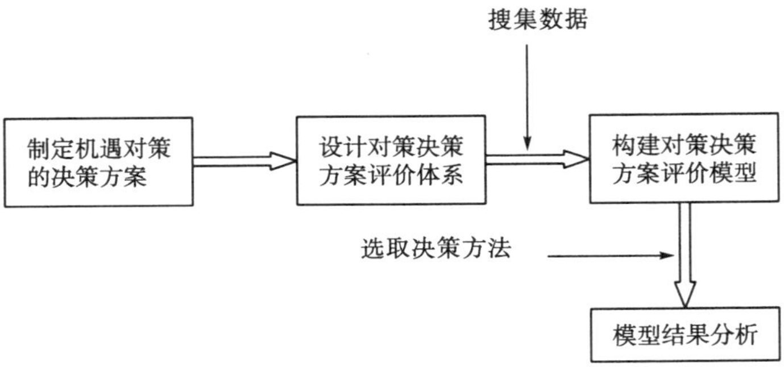

图 3.8 创新型企业持续创新机遇对策决策过程

3.4 本章小结

本章主要介绍了创新型企业持续创新机遇决策模式的相关理论。首先界定了创新型企业持续创新机遇的概念、内涵及特点，以及与其他企业的比较，着重分析了企业持续创新机遇的内涵和特征；其次，从知识创新、全面创新和持续创新三个视角构建了创新型企业的理论基础，为创新型企业持续创新机遇决策提供理论支撑；再次，对持续创新机遇的概念、特征及分类进行分析；最后，分析了创新型企业持续创新机遇决策模式，提出创新型企业持续创新机遇决策模式由创新机遇的识别、度量、对策决策和实施决策四个步骤构成。

第4章 创新型企业持续创新机遇识别分析

在创新型企业建设的过程中，机遇管理的核心是识别并捕捉机遇，机遇识别作为机遇管理的核心环节，发挥着越来越重要的作用，其水平和质量很大程度上影响和决定持续创新的实现，甚至决定企业的生死存亡。然而，由于重大机遇隐藏在无数的变量及不确定性环境中，对创新型企业持续创新机遇识别的难度较大。而且，影响机遇识别的因素众多，这些因素对机遇识别的结果也产生亘大影响。因而，有必要对创新型企业持续创新机遇识别的影响要素进行分析，分析影响和作用持续创新机遇识别的重大因素，从而对创新型企业持续创新机遇识别起到理论指导和政策借鉴作用。

4.1 创新型企业持续创新机遇识别的界定、分类及框架分析

4.1.1 创新型企业持续创新机遇识别的界定

Schumpeter 把企业家“抓住眼前的机会”的“精细”或“敏锐和精力充沛”视为企业家创新能力的核心要素，认为机遇对于企业创新具有重要作用。现代管理之父 Drucker 认为，企业家决不被动地等待机会，而应该有目的、有组织地寻找机会，系统地分析机会，进而实现企业创新。基于机遇对于企业创新的重要性，汪应洛等(2004)指出，企业家持续创新精神的核心在于对机遇锲而不舍的寻求。而企业家精神的核心在于持续不断地识别、发现、捕捉各种机遇，抓住机遇实现创新效益。基于此，汪应洛提出，企业持续创新机遇指持续

创新过程中有利于企业持续创新目标实现的形势，是企业持续创新目标和资源等客观因素耦合比较理想并有可能获取超常收益的时空区间。向刚(2006)也提出，持续创新机遇是企业持续创新实现中除持续创新动力、持续创新能力以外另一个必不可少的要素，它是企业持续创新实现的关键。

本书基于当前相关文献，提出创新型企业持续创新机遇识别的概念如下：创新型企业持续创新机遇识别指在对内外部环境分析研究的基础上，利用较为合理的方法与技术甄别出潜在的有利于创新型企业持续创新发展的机遇因素的过程。

4.1.2 持续创新机遇分类

机遇可按其性质进行分类：①按出现时间，如一次性机遇、周期性机遇和随机性机遇；②按是否共享，如独享性机遇、竞争性机遇和共享性机遇；③按与社会主体目标相对应特性，如战略性机遇和非战略性机遇；④按社会属性，如制度(政策)机遇、市场机遇、经济机遇、科技机遇和生态环境机遇等(段云龙等，2016)。对于创新机遇的分类，段云龙等(2011)指出机遇识别应注重对企业所处环境的扫描。向刚(2006)认为，持续创新的实现是一个持续推出多种创新类型、多个创新项目或创新项目集群的过程，创新项目及战略决策的制定实施也离不开决策者的参与。巫英等(2010)认为经营者人因因素在企业持续创新过程中意义重大，一定程度上决定着企业创新之成败。黄津孚认为风险和机遇可以相互转换。向刚等(2013)研究了企业重大环境风险下的机遇决策。基于此，结合创新型企业持续创新机遇识别框架，可从企业内外部环境、技术要素、重大项目要素、经营者要素、风险要素等方面对创新机遇进行划分，本书把创新机遇划分为重大环境机遇、技术机遇、重大项目机遇、经营者人因机遇和风险性机遇五大类。

(1)重大环境机遇。外部环境的变化会对企业创新目标、资源获取能力、创新动力、创新障碍等多个方面产生影响。例如，我国近年来一直大力推行的创新型企业建设的政策，在这些政策中，国家和政府为具有一定创新能力的企业获取创新所需资源提供便利条件，协助企业突破创新障碍，加强知识产权建设，为企业持续创新行为增添动力。在这些政策的推动下，我国创新型企业的创新目标也从曾经的追求区域领先变为追求世界领先，在大踏步地创新过程中陆续涌现出了像华为、联想、中兴等世界知名的创新型企业。本书将外部环境划分为自然环境、政治法律环境、经济环境和社会文化环境。

(2)技术机遇。技术机遇是创新型企业持续创新过程中，有利于企业实现创新目标的技术形势，是对企业实现创新目标具有显著意义而易于消失的“事件”，是企业创新目标、资源、能力和技术形势等主客观因素耦合比较理想，从而可能获取超常收益的时空区间。技术机遇是创新型企业持续创新实现的基础和保障，对创新所需时间和创新效益产生重要影响。显然，技术机遇是创新型企业持续创新机遇管理过程的重要组成部分。

(3)经营者人因机遇。经营者人因机遇指创新型企业经营者良好的个人素养及经营方式，从而促使企业实现预期目标，并为企业带来收益的机遇，主要包括经营者的创新意识、道德素养、能力、知识和身体健康状况等因素所带来的机遇。企业战略的选择与实施、重大创新项目的选择与控制、企业的经营决策都是由经营者引导完成的，经营者在创新型企业机遇的发现与决策等过程中起着举足轻重的作用。同时，创新型企业持续创新机遇的把握及实施，绝大部分由企业家引领。由此可见，经营者的人因机遇对创新型企业持续创新具有至关重要的作用。

(4)重大创新项目机遇。由企业持续创新的定义可知，企业持续创新是一个持续推出多种创新类型、多个创新项目或创新项目集群的过程，它不是某个单一类型的创新，而是一个整合的创新过程，它是不同创新类型的整合，是大量创新项目的集群。由此可见，一个创新项目的成功实施，尤其是对企业影响深远的重大创新项目的成功实施，能够给企业带来较大的持续创新优势。基于此，重大创新项目机遇指对创新型企业创新战略起支撑作用的重要项目机遇，它对创新型企业持续创新起着重要的支撑作用，主要包括项目自身、企业管理及能力等潜在的机遇因素。

(5) 风险性机遇。风险性机遇是基于风险与机遇并存、风险与机遇能够相互转化而提出的，即在风险中往往也蕴含着机遇因素。风险性机遇指创新型企业在减小和规避风险过程中，可能存在可被利用或营造的，能给企业带来收益的潜在机遇，主要包括国家政策导向、市场变化、技术革新以及国际环境变化带来的风险性机遇，属于外部机遇。

基于此，本书通过文献梳理，结合相关企业案例并与相关专家、学者探讨，在剔除交叉设置严重的指标外，提出基于 5 个方面的持续创新机遇因素指标，如图 4.1～图 4.5 所示。

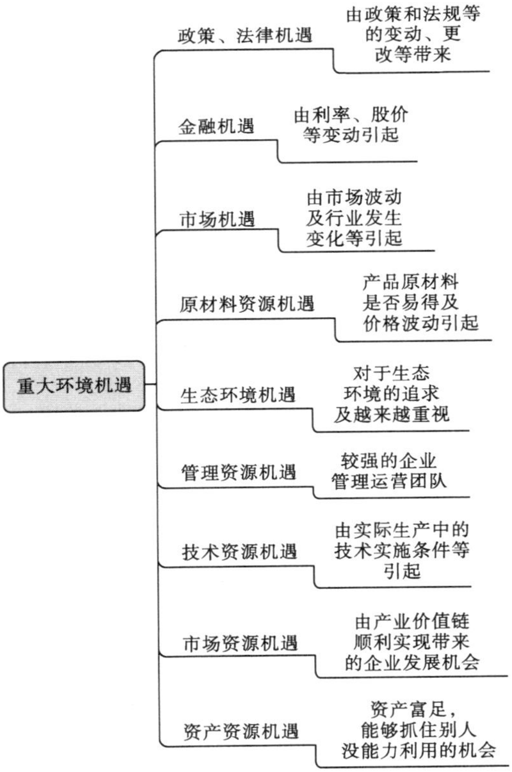

图 4.1 重大环境机遇分类

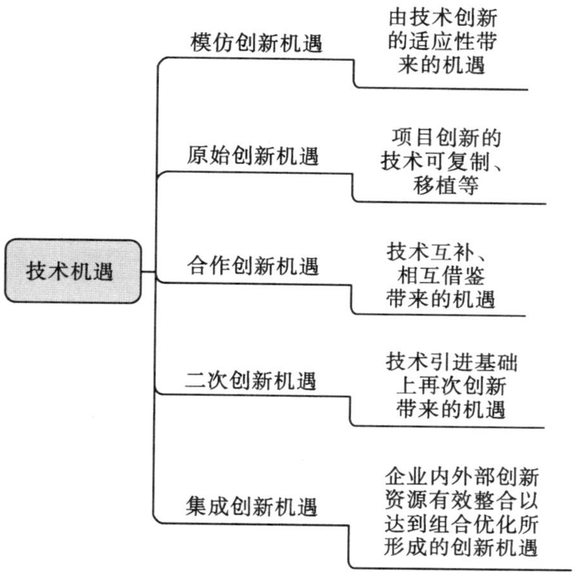

图 4.2　技术机遇分类

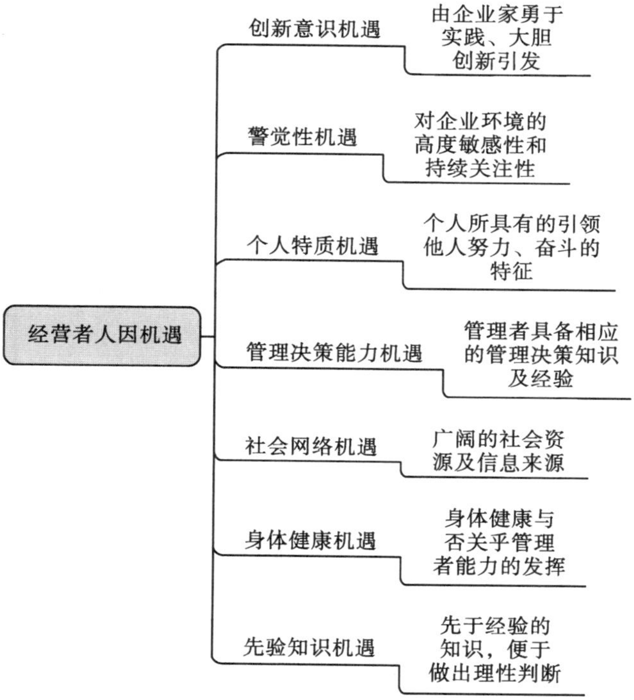

图 4.3　经营者人因机遇分类

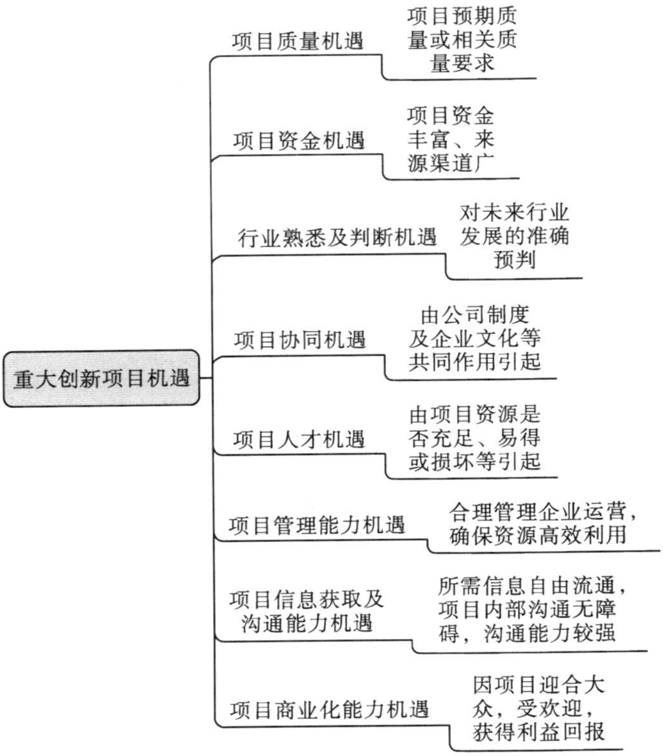

图 4.4 重大创新项目机遇分类

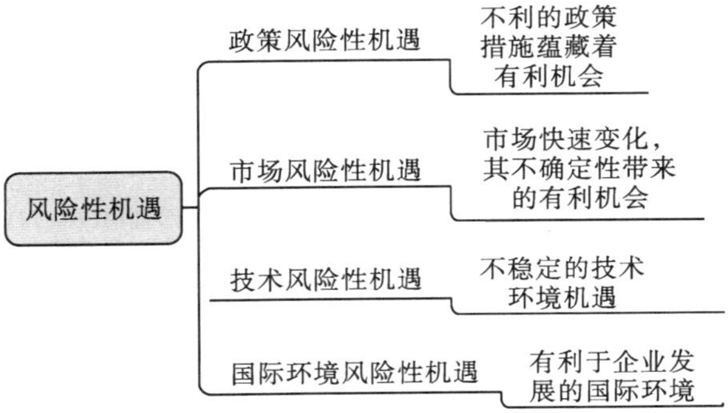

图 4.5 风险性机遇分类

图 4.1～图 4.5 中，第一列为一级指标，第二列为二级指标，第三列为机遇来源。

4.1.3 创新型企业持续创新机遇识别框架

持续创新机遇的识别从根本上而言是对企业面临的内外部创新环境的动态考量，即以创新机遇形成机理为基础，对企业持续创新机遇形成机理中的关键因素及其耦合状态进行识别，当识别出的有利态势超过了某个设定的度之后，即识别出创新机遇。为了能够充分识别持续创新机遇，本书结合创新机遇形成机理以及已有机遇识别的研究成果，构建出创新型企业持续创新机遇识别框架，然后根据框架内容设计出适合创新型企业持续创新机遇识别的方法。

持续创新机遇是企业实现创新目标的有利形势，是环境、需求、资源和能力因素耦合较好的状态，创新行为受到外部环境、需求以及内部资源和能力的影响。企业作为创新主体，根据既定的创新目标，有选择性地吸取外部资源，把握需求变化，合理调控自身的资源和能力，从而事半功倍实现既定的创新目标，实现超常收益。因此，根据创新机遇形成机理，创新型企业持续创新机遇的识别框架可从创新机遇的分类来构建，即根据重大环境机遇、技术机遇、经营者人因机遇、重大创新项目机遇和风险性机遇以及它们的耦合程度进行设计。

基于此，本书设计的创新型企业持续创新机遇识别概念模型如图 4.6 所示。

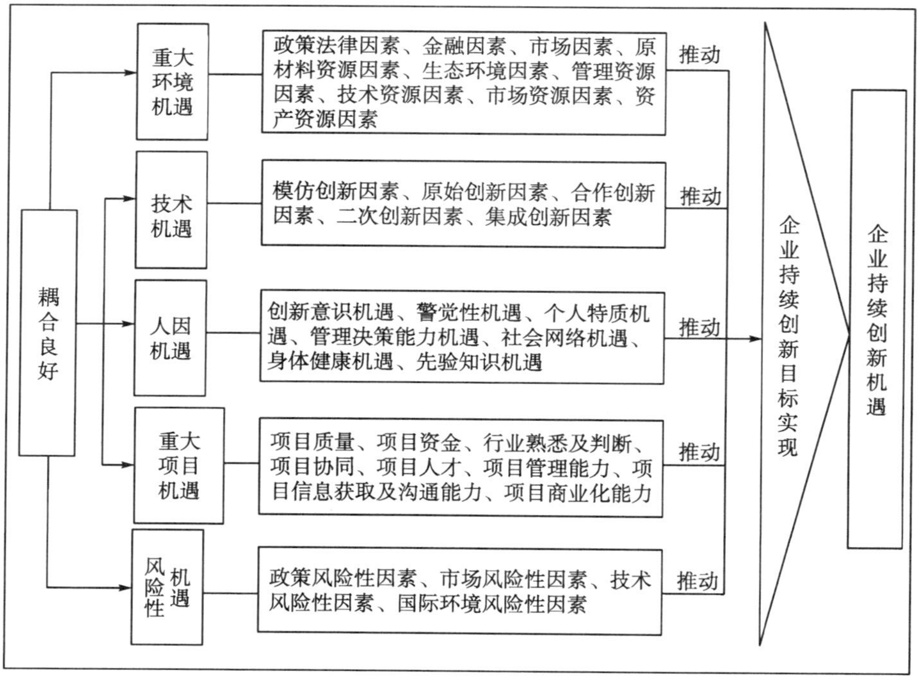

图 4.6 创新型企业持续创新机遇识别概念模型

4.2 创新型企业持续创新机遇的关键因素识别

4.2.1 理论基础及研究假设

1. 潜在机遇成果假设

对创新型企业持续创新过程中重大机遇的识别而言，首先需要明确创新机遇的成绩和效果。对于创新绩效的衡量，Bessant(2011)认为可以通过评估具体创新活动的业绩来测度测评具体产出、测评运作或过程、测评营销绩效及利润来源；向刚以企业的创新效益增长以及其对企业经济增长的贡献率来度量创新效益；李兴宽等(2009)认为持续创新不仅要获得企业经济效益的增长，还需要实现技术绩效和社会环境绩效，并构建了企业持续创新绩效评价指标体系。

基于此，本书从经济绩效、社会绩效、科技绩效和绿色环保四个方面对创新机遇优势进行衡量。经济绩效指标包括企业工业增加值平均增长率、新产品销售比重、新产品市场占有率等。社会绩效包括品牌建设绩效等；科技绩效包括企业专利申请数、技术等级认证及数量；绿色环保绩效包括新技术减排率、新产品环保性能、新技术能耗降低率等。相应的机遇成果则是这些绩效指标的实际情况能够达到或超过预期目标。因此，本书假设：

P1：企业工业增加值平均增长率达到或超过预期目标。

P2：新产品市场占有率达到或超过预期目标。

P3：新产品品牌建设达到或超过预期目标。

P4：新技术能耗降低率达到或超过预期目标。

P5：企业实际专利申请数量达到或超过预期目标。

2. 创新机遇因素理论与假设

关于机遇分类的研究，黄津孚(2001)从机遇出现的时间、共享性、目标对应性及社会属性进行分类。按出现的时间进行分类，可分为一次性机遇、周期性机遇和随机性机遇；按是否共享进行分类，可分为独享性机遇、竞争性机遇和共享性机遇；按与主体目标相对应性进行分类，可分为战略性机遇和非战略性机遇；按社会属性分类，可分为制度(政策)机遇、市场机遇、经济机遇、科技机遇和生态环境机遇等。此外，可以从企业内外部环境、技术要素、重大项目要素、经营者要素、风险要素等方面对创新机遇进行分类，其理论依据如下：对于企业内外部环境划分，段云龙等(2013)指出机遇识别应注重对企业所处环境的扫描；Wang 等(2013)指出企业外部环境的影响在机遇识别中不容忽视，企业持续创新过程应关注外部环境机遇；George 等(2014)通过对有关企业机遇研究领域的 180 篇文献进行梳理，总结出企业所处环境条件是机遇识别的重大影响因素之一。对于技术要素的划分，姜黎辉等(2006)认为技术机遇有利于企业持续创新，指出非连续性技术的出现有利于创新优势的形成，为企业建立竞争优势提供机会；Cecere 等(2014)指出技术机会是企业创新过程的核心要素，技术机遇对技术变革的速度和方向发挥了重要作用；Bavarsad 等(2014)认为实施创新活动可为企业提供持续竞争优势，技术机会对企业创新具有积极影响。对于重大项目要素的划分，向刚(1997，1998)认为持续创新是一个持续推出多种创新类型、多个创新项目或创新项目集群的过程，其成败直接关系到创新战略目标的实现与否；Brook 等(2014)认为，创新项目将为企业可持续发展和未来行业竞争格局提供竞争优势。同时，创新项目及战略决策的制定实施离不开决策者的参与。巫英等(2010)认为，经营者人因因素在企业持续创新过程中意义重大，在一定程度上决定着企业创新的成败；Eva(2015)指出企业家警觉、先验知识和社会网络等个人特征对企业机会识别具有潜在影响；Wang(2013)等的研究结果表明，个人的自我效能、先验知识、社交网络和企业机遇环境直觉对企业家机遇识别具有显著影响。对于风险要素的划分，黄津孚(2001)认为风险和机遇可以相互转换，风险也往往蕴藏着发展机遇；向刚等(2013)研究了企业重大环境风险下的机遇决策；Ivascu 等(2014)指出企业面临的重大风险并非只可能带来负面效应的“纯粹风险”，而是既蕴含着负面可能性，也同时蕴含着正面可能性的“机遇性风险”，即存在机会或不确定性和危害。

1)重大环境机遇因素

重大环境机遇指企业内外部环境发生巨大改变，有可能给持续创新带来巨大收益的机遇。其中，外部环境指我国金融、政策法律、技术和生态环境等。内部环境指企业技术、管理和资产等资源。Wang 等(2013)认为虽然个人因素被认为是企业机遇识别的关键因素，但企业外部环境的影响在机遇识别中不容忽视，并指出企业外部压力、技术、社会价值观和政治行为等因素将影响个人对企业机遇的识别。Bourgault 等 (2014)指出企业创新与合作与当前的经济状况密切相关，很少有企业可以启动创新项目，而不需要利用外部参与者提供的资源和技能。张树明等(2014)的研究表明，在政策法律保护方面，政策法律的合理性和税收政策优惠有利于中小型科技企业的健康成长。Fischer 等(2011)通过对35个国家可持续发展状况的差异分析得出，可持续发展状况(特别是其机遇和风险)与经济、环境和人力资本相关。中小型科技企业由于其成长的弱质性和不确定性降低了其对环境的适应能力，而优化与完善政策、法律环境将有利于企业创新发展。George 等(2014)将机遇识别影响因素分为六大类：社会资本、环境条件、先验知识、认知/人格特征、警觉性和系统性检索。Torres 等(2016)在研究葡萄酒企业如何通过CEO对市场机会的识别来实施营销策略时，得出CEO对可用资源的看法影响了其对市场机会和营销策略的认识。同时，市场机遇一直是研究者关注的重点。Uddin (2016)指出，市场缺口是机会产生的源泉，发现市场存在的未被利用的领域能够为企业发展带来创新机遇。Shrestha (2015)通过研究表明，机遇识别需要一套感知市场和评估市场的技能。基于此，本书将政策法律、金融、生态和市场环境归为外部创新环境，将技术资源、管理资源和资产资源归为内部创新资源，将市场资源和原材料资源归为市场机遇，同时做出如下假设：

H1：企业所处的重大环境机遇因素对企业潜在机遇成果有显著影响。

H1a：企业外部创新环境因素对企业潜在机遇成果有显著影响；

H1b：企业内部创新资源因素对企业潜在机遇成果有显著影响；

H1c：企业市场机遇因素对企业潜在机遇成果有显著影响。

2)技术机遇因素

技术机遇指企业持续创新过程中形成的有利于创新目标实现的技术形势，主要指模仿创新、合作创新、引进吸收消化再创新等所带来的机遇。传统增长理论认为，技术创新是经济增长和社会进步的重要动力。技术机遇的存在具有客观性，凡是创新活动都有技术机遇的存在。Cecere 等(2014)通过案例分析，认为技术机会是创新过程的核心要素，并揭示了绿色创新技术机遇的作用。Bavarsad 等(2014)认为实施创新活动可为企业提供持续竞争优势，技术机会对企业创新具有积极影响。Yoon 等(2005)将技术机会发现分为两种，即预测新技术和应用现有技术，认为应用现有技术对于技术预测能力较弱的中小企业较为适用。Becker 等(2005)认为，作为技术进步的动态性及技术市场的全球化，应用外部技术机会，优化其内部研发能力，不断扩大企业创新潜力，特别是科学技术机会对于企业创新过程和绩效至关重要。Halsius 等(2016)认为目前全球化趋势和技术变革迅速，使高科技企业面临新局面。

一直以来，人们对于模仿大多存在偏见，从而忽略了模仿的重要性，认为模仿是劣势企业追赶市场领导者的一种生存策略。由于模仿的不完全性，模仿效果也会大打折扣。然而，杨桂菊等(2016)的研究表明，正是因为模仿的不完全性才使其成为创新的源泉。对于落后企业而言，不完全模仿创新为后进企业提供了创新的新思路，同样能为企业创造持续竞争优势，是一种有效可行的创新捷径。Zhao 等(2014)认为信息技术的快速发展使不同组织有可能进行合作创新，通过合作将有效增加企业价值。陈劲等(2015)认为原始性创新对于促进我国的跨越式发展，提升国际的竞争力有着至关重要的作用，并通过多案例实证研究方法，对近年来国内高校基础研究和高科技研究领域中取得较大影响力的原始性创新案例进行了实证研究。范拓源(2014)指出经济全球化过程中，许多国家通过产业集群创新、设备购置及专利引进等策略，成功借助发达国家的先进技术进行二次创新，形成了自己的核心技术并出口到原创国。Zeng 等(2016)通过对出口型农业龙头企业样本数据的分析，揭示了集成创新对出口竞争力成长存在着潜在的促进作用，并提出了集成创新的改进策略。基于此，本书将模仿创新、合作创新和集成创新归为合作集成创新，将原始创新和二次创新归为自主创新，同时做出如下假设：

H2：技术机遇因素对企业潜在机遇成果有显著影响。

H2a：合作集成创新因素对企业潜在机遇成果有显著影响；

H2b：自主创新因素对企业潜在机遇成果有显著影响。

3) 经营者人因机遇因素

经营者人因机遇指企业经营者良好的个人素养及经营方式促使企业实现预期目标，并为企业带来收益的机遇，主要包括经营者的创新意识、道德素养、能力、知识和社会网络等因素所带来的机遇。企业家的任务是不断进行创新，而其创新意识是每个经营者应具有的基本素质。Eva (2015) 认为现有机遇识别的研究大多集中在个人角色上，比如企业家特质、企业家能力和企业家动机，以此构建了以企业家警觉、先验知识和社会网络对机会认知的潜在影响，并最终获得了优秀企业绩效回报的机遇识别模型。Nicolaou 等 (2008) 探讨了创造性个性对商业机会识别和企业启动倾向的影响，得出具有创造性的个体比其他个体更有可能识别商机。Andersson 等 (2015) 从动态能力角度指出，企业家的动态管理能力有利于国际企业的机遇识别。Hulbert 等 (2015) 通过对中小型企业管理层进行深入访谈发现，中小企业的机会识别需要创新的个人意识及在战略意义上的营销技能，拥有相关市场知识的经营者可以更好地认识机会，并且通过经验或分析获得机会。Makama 等 (2016) 认为企业家年龄、教育程度、个人特质和管理能力影响企业对机遇的识别。

Nikraftar 等 (2014) 通过对伊朗 220 名资深旅游业务成员进行问卷调研，得出企业家心态及社会网络对企业家机会识别起着重要作用。同时，旅游企业经营者应积极提升个人能力，从而提高创业机会认知能力。George 等 (2014) 研究发现，人格特质、先验知识、社会网络、企业家心理健康和创业认知的决定系数对成功的机会认知和开发具有显著的积极影响。经营者更加关注他们所熟知的，与自己所拥有信息、知识相关的商机，知识积淀对机会识别影响较大，经营者拥有的先验知识越多，更容易识别发展机会。Hajizadeh 等 (2016) 的研究表明，企业家的警觉性和学习能力、先验知识和认知特点对机会识别具有积极影响。同时，研究证实了企业家先验知识对企业家的警觉性和学习具有重大影响；企业家的警觉性和学习能力能够部分调解现有知识与机会认同之间的关系。企业家所拥有的社会网络对其机会识别相当重要，广阔的社会网络将有利于企业家更好地识别创业机会。基于此，本书将经营者警觉性、个人特质、心态或心理健康归为个人素质因素，将创新意识、管理决策能力、社会网络和先验知识归为个人能力因素，同时做出如下假设：

H3：经营者人因机遇因素对企业潜在机遇成果有显著影响。

H3a：经营者个人素质因素对企业潜在机遇成果有显著影响；

H3b：经营者个人能力因素对企业潜在机遇成果有显著影响。

4）重大创新项目机遇因素

重大创新项目机遇指对企业创新战略起支撑作用的重要项目机遇，它对创新型企业持续创新起着重要的支撑作用，主要包括项目自身、企业管理及能力等潜在的机遇因素，属于内部机遇。近年来，与创新有关的项目组合管理越来越受到人们的关注。向刚认为持续创新是一个持续推出多种创新类型、多个创新项目或创新项目集群的过程，其成败直接关系到创新战略目标的实现与否。Brook 等（2014）指出，在经济全球化过程中，管理者应谨慎将全球趋势转化为可持续发展驱动的创新项目，以此获得企业的可持续发展和未来的行业竞争格局。同时，他们认为创新项目不仅包括技术、流程和产品，还包括业务模式和组织创新项目。对于企业创新项目而言，项目质量能否达到预期或能否满足项目相关方的要求，是创新项目成败之关键。谁掌握了核心技术，有能力、能够确保创新项目达到预期质量，谁就掌握了话语权、拥有更大的创新机遇。而创新项目无论是在最初研发还是后来的营销过程中都需要大量资金支持，因此项目资金对创新项目成败的影响较大。

此外，对市场、行业的熟悉程度及未来趋势的准确判断是创新项目得以实施的一个重要因素，而新产品项目对企业现有制度、文化和管理的协同，对感知企业产品创新机遇则具有较强解释力。企业项目的运行涉及部门之多、工种之广毋庸置疑，这不仅需要拥有各种高素质人才资源，而且需要拥有项目信息获取和及时顺畅的信息沟通能力。Bourgault 等(2014)从参与决策、沟通质量和协调素质三个维度考察了重点项目团队特征对团队合作的影响。由于管理能力不足导致企业持续失败的案例比比皆是，因此项目管理能力是项目能否顺利、高效完成的关键因素。同时，产品商业化能力是促使企业创新项目成功实施的重要因素。创新项目只有商业化、能够给企业带来回报收益，才算取得了成功。基于此，本书将项目管理能力、项目商业化能力及信息获取和沟通能力归为项目管理及商业化因素，将项目协同、行业熟悉及趋势判断能力归为项目预判及协同因素，将项目关键技术、项目资金、项目人力资源归为项目优势因素，同时做出如下假设：

H4：重大创新项目机遇因素对企业潜在机遇成果有显著影响。

H4a：项目管理和商业化能力因素对企业潜在机遇成果有显著影响；

H4b：项目预判及协同能力因素对企业潜在机遇成果有显著影响；

H4c：项目优势因素对企业潜在机遇成果有显著影响。

5)风险性机遇因素

风险性机遇是基于风险与机遇并存而出现的机遇，它指创新型企业在减小和规避风险过程中可能带来企业收益的机遇，包括国家政策导向、市场变化、技术革新以及国际环境变化带来的风险性机遇，属于外部机遇。风险存在于企业任何管理流程之中，虽然风险主导着企业商业环境，但机会是所有经营者关注的内容。Ivascu 等(2014)认为风险具有积极的内涵和负面的内涵，即存在机会或不确定性和危害。确定的、积极内涵有助于企业创造机会。因此，风险管理有助于企业目标的实现，增加企业的竞争优势并创造机会。Baldi 等(2015)指出，当面对新的投资机会时，由于市场和技术的不确定性，投资者往往面临学习回报与风险之间的紧张关系，认为必须平衡企业风险投资中的风险和学习机会，才能更好地获得投资机会。Carroll(2016)提出了一种在传统风险管理计划中所未使用的识别技术，并展示如何使用这些技术来识别企业风险管理环境中的风险和机会。不同经济形势下，政府会相应调整政策导向，政策的变化或重要举措的出台、实施会引起证券市场的波动，存在风险的同时伴随着机遇。现今不断更新换代的技术，致使无论引进新技术还是自主创新，都面临着较大风险，但也能够促使企业不断实现技术突破、赶超先进技术，使企业获得持续创新动力及创新优势。同时，由于市场的无规则变化致使企业发展面临较大的风险，但不稳定、快速变化的市场环境同样存在市场需求，蕴含着机遇。复杂、多变的国际环境往往不利于企业发展，给其发展带来一定的风险，然而，企业依然可以发现有利的发展机会。基于此，本书将政策风险机遇、市场风险机遇、技术风险机遇和国际环境风险机遇统一归为风险性机遇因素，并做出如下假设：

H5：风险性机遇因素对企业潜在机遇成果有显著影响。

6)决策者风险偏好的调节作用

由以往的管理实践可知，决策者的决策往往会受到其决策偏好的影响。在企业持续创新的过程中，机遇与风险并存，且彼此相互依存转化，潜在机遇产生于不确定环境之下，对于不确定因素，决策者的决策行为也不尽相同。因此，在机遇识别中需要将决策者风险偏好的调节作用考虑在内。一方面，决策者的风险偏好对决策指标评价将产生一定影响，不同风险偏好的决策者对同一个决策指标评价不尽相同。另一方面，对于潜在机遇的评价，由于涉及与企业过去相比较，不确定环境下的评价分析也将受决策者风险偏好的影响。Graham 等(1934)指出管理者风险偏好上的差异，使其即使面临相同的投资机会，也会做出不同的决策选择。张应语等(2009)通过实证研究发现，管理风险偏好具有正态分布特征，且管理人员对于不同的风险表现出不同的偏好。Graham 等(2015)通过实证研究得出，决策者的个人风险容忍度是影响企业决策的重要因素。姜凤珍等(2015)指出决策者风险偏好影响其决策行为,通过研究员工的风险偏好对 KIBS 员工合作与冲突行为的影响演化规律，得出风险偏好程度不同对员工的决策行为的影响程度不同。基于此，本书在研究机遇因素对机遇成果的影响时，充分考虑了决策风险偏好对于决策的调节作用，将决策者风险偏好分为风险爱好型、风险中性型和风险厌恶型三类。因此，本书假设如下：

H6：决策者风险偏好对创新机遇因素与机遇成果之间的关系具有调节作用。

基于以上理论分析与假设，构建本书的研究模型，如图 4.7 所示。

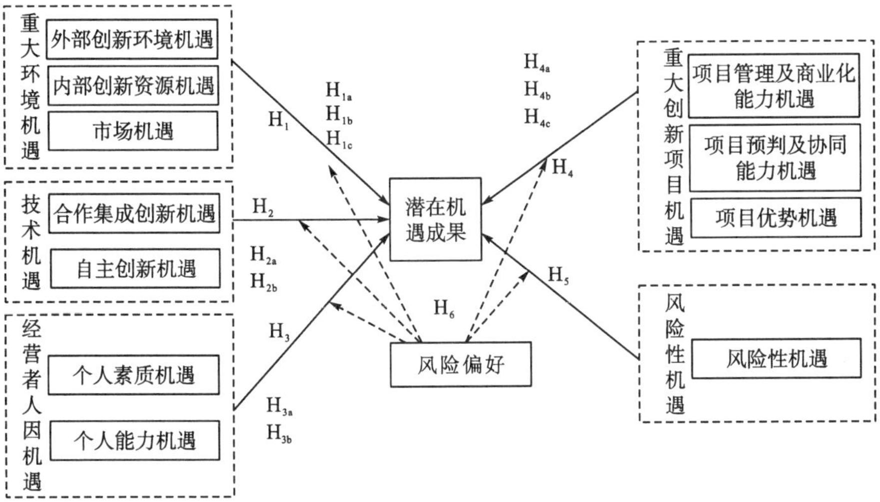

图 4.7　假设模型

4.2.2　模型构建及验证

1. 调研目的与样本收集

此项调研的目的与意义在于：一是调查分析每一个创新机遇因素对创新型企业持续创新过程重大机遇的影响程度，识别出影响企业持续创新的重大机遇，为企业机遇管理提供借鉴参考；二是检验所设置的指标体系是否科学合理，是否能全面准确反映创新型企业持续创新过程中的重大机遇，以便构建全面合理的重大机遇识别指标体系。

问卷调查表的填写采用函寄、访谈、Email 等方式。同时，为高效利用资源、节约费用，调研组对高校 EMBA 和 MBA 学员发放了问卷。问卷调研地域包括云南省、上海市、广州市、江苏省、北京市等地，调研企业涉及旅游、电子、医药、化工、有色金属、特色农业等行业。为确保问卷信息的可靠性与准确性，问卷尽量要求对该领域比较熟悉的管理层来填写。调研时间为 2016 年 1 月～2016 年 6 月。共发出 520 份问卷，收回 482 份，回收率为 93%，经过整理最终获得有效问卷 395 份(样本具体情况见表 4.1)。本书问卷的结果分析借助 SPSS20.0 统计软件完成。

表 4.1 调查问卷样本构成

	分类指标	人数	比例/%		分类指标	人数	比例/%
性别	男	226	57.2	行业类型	旅游	95	24.0
	女	169	42.8		电子	103	26.1
年龄	30 岁以下	66	16.7		医药	86	21.8
	31～40 岁	116	29.4		化工	63	15.9
	41～50 岁	173	43.8		其他	48	12.2
	51 岁以上	40	10.1	职级	高层管理者	86	21.8
受教育程度	中专及以下	113	28.6		中层管理者	115	29.1
	本科	193	48.9		基层管理者	122	30.9
	硕士及以上	89	22.5		普通职员	72	18.2

2. 变量测度

本书尽量借鉴现有文献中比较成熟的量表，结合问卷前测反馈意见进行调整完善，以确保问卷的信度与效度，问卷测度借鉴 likert5 级量表对所设计变量进行赋值，“1”表示“完全不同意”，“5”表示“完全同意”。其中，自变量主要包含重大环境机遇、技术机遇、经营者人因机遇、重大创新项目机遇、风险性机遇。对于重大环境机遇的测度主要从外部创新环境、内部创新资源和市场机遇三个方面进行，外部创新环境借鉴张树明等的研究量表“企业面临的政策法律变化将会给企业带来发展机遇”等 4 个题项来测度；内部创新资源借鉴 Bourgault 等(2014)的研究，用“企业所拥有的技术资源将会给企业带来发展机遇”等 3 个题项来测度；市场机遇根据对云南铜业、云南铝业的调研，用“企业面临的市场波动及行业变化将会给企业带来发展机遇”题项来测度。技术机遇的度量主要从合作集成创新和自主创新两个角度展开，合作集成创新借鉴 Zhao 等(2014)的研究量表，用“企业彼此之间的合作创新将会给企业带来发展机遇”等 3 个题项测度；自主创新以陈劲等的研究为基础，用“企业通过自身的技术自主创新将会给企业带来发展机遇”等 2 个题项来测量。对于经营者人因机遇的测度从经营者个人素质和个人能力两个角度来展开，个人素质与个人能力的测度运用 George 等(2014)的研究，用“经营者的教育程度将会给企业带来发展机遇”和“经营者的社会网络关系将会给企业带来发展机遇”等 7 个题项来测度。对于重大创新项目机遇的测度从项目管理和商业化能力、项目预判及协同能力和项目优势三个角度展开，分别以云南白药集团案例、Bourgault 等(2014)的研究及腾讯、阿里巴巴公司的资源项目整合案例，用“项目较强的信息获取和沟通交流能力、项目沟通质量和协调素质以及项目所具有的优势资源能力将给创新型企业带来机遇”等 8 个题项来测度。对于风险性机遇的测度，以联想收购 IBM 案例为依据，用“企业政策性风险中往往也蕴藏着机遇”等 4 个题项来测度

因变量为机遇成果，主要采用“企业工业增加值平均增长率达到或超过预期目标”等 5 个题项来测度。调节变量为风险偏好，对于风险偏好的度量主要有量表法和自评法，由于量表的设计缺乏管理层的特征且与管理决策相关性不大，因此本书选取自评法进行测度，主要借鉴 Tian 等(2010)的研究，设定不同的情景来对决策者的风险偏好进行测度，选项为 1～3，“1”表示风险厌恶型，“2”表示风险中性型，“3”表示风险爱好型。

3. 问卷的信度和效度检验

本研究采用 Cronbach's α 系数作为问卷的信度评判标准，分别对企业持续创新机遇成果量表和机遇因素量表进行内部一致性检验。检验结果：企业持续创新机遇成果量表的 Cronbach's α 系数为 0.759，其各要素的 Cronbach's α 系数分别为：企业工业增加值平均增长率为 0.803；新产品市场占有率为 0.825；新产品品牌建设为 0.819；新技术能耗降低率为 0.787；企业实际专利申请数量为 0.788。企业持续创新机遇因素整体量表的 Cronbach's α 系数为 0.765，其中，各要素的 Cronbach's α 系数分别为：重大环境机遇因素为 0.857；技术机遇因素为 0.830；经营者人因机遇因素为 0.797；重大项目机遇因素为 0.794；风险性机遇因素为 0.812。由此可知，本量表无论从整体还是各分部，其标准的 Cronbach's α 系数值均大于 0.7，表明机遇成果量表和机遇因素量表具有较高的信度，满足一般要求。

本书采用 KMO 和 Bartlett's 检验对结构效度进行分析，检验结果表明，创新型企业持续创新机遇成果量表的 KMO 值为 0.789，大于 0.7，同时，其 Bartlett's 检验的 χ^2 值显著性概率小于 0.01。创新型企业持续创新机遇因素整体量表的 KMO 值为 0.763，各要素的 KMO 值中，重大环境机遇因素为 0.779、技术机遇因素为 0.766、经营者人因机遇因素为 0.766、重大项目机遇因素为 0.714、风险性机遇因素为 0.815，且它们的 Bartlett's 检验的 χ^2 值显著性概率都小于 0.01，表明创新机遇成果和机遇因素两个量表都适合做因子分析。

4. 假设验证

1) 描述性统计及检验

利用 SPSS20.0 软件对各变量均值、标准差及相关性进行分析（如表 4.2 所示），可知机遇成果与创新环境（r=0.477，p<0.01）、市场机遇（r=0.290，p<0.05）、

创新资源(r=0.370，p<0.01)、合作集成创新(r=0.457，p<0.01)、自主创新(r=0.279，p<0.05)、个人素质(r=0.281，p<0.05)、个人能力(r=0.472，p<0.01)、项目管理和商业化(r=0.374，p<0.01)、项目预判及协调(r=0.301，p<0.05)、项目优势(r=0.354，p<0.01)和风险性机遇(r=0.449，p<0.01)等因素都显著正相关，这些相关性与理论假设预期相一致。由表 4.3 的检验结果可知，Durbin-Watson 统计值为 2.014，接近 2，说明序列相关性不明显。

表 4.2　各变量的描述统计及相关系数矩阵表

变量	1	2	3	4	5	6	7	8	9	10	11	12
创新环境	1											
市场机遇	0.100	1										
创新资源	0.286*	−0.001	1									
合作集成创新	0.495**	0.113	0.509**	1								
自主创新	−0.014	0.380**	−0.141	−0.133	1							
个人素质	−0.006	0.337**	−0.130	−0.121	0.925**	1						
个人能力	0.402**	−0.014	0.864**	0.657**	−0.066	−0.065	1					
项目管理及商业化	0.801**	0.110	0.302*	0.516**	−0.006	0.005	0.426**	1				
项目预判及协调	−0.122	0.362**	−0.035	−0.210	0.809**	0.737**	−0.088	-0.113	1			
项目优势	0.310*	0.032	0.699**	0.551**	0.042	0.040	0.827**	0.329**	−0.007	1		
风险性机遇	0.493**	0.043	0.566**	0.935**	−0.175	−0.164	0.713**	0.516**	−0.224	0.633**	1	
机遇成果	0.477**	0.290*	0.370**	0.457**	0.279*	0.281*	0.472**	0.374**	0.301*	0.354**	0.449**	1
均值	3.590	3.607	3.623	3.607	3.623	3.672	3.689	3.557	3.689	3.672	3.639	3.689
标准差	0.716	0.737	0.778	0.714	0.711	0.747	0.765	0.696	0.720	0.811	0.708	0.743

注：***、* 分别表示在 $p<0.01$和$p<0.05$ 的水平下显著。

表 4.3　模型汇总

模型	R	R^2	调整 R^2	标准估计的误差	Durbin-Watson
1	0.892a	0.796	0.713	0.810	2.014

2)实证结果分析

采用多元回归分析法，对得出的 11 个机遇因子进行回归分析(见表 4.4)。由表中数据可以看出，回归模型中的常量，其 t 值在 0.05 水平上显著，因而可以进入回归模型。其中，创新环境机遇因子、创新资源机遇因子、合作集成创新因子、个人能力机遇因子、项目管理及商业化机遇因子、项目优势机遇因子和风险性机遇因子的标准回归系数都为正，与假设的正相关关系相符。而且由于这些因子的 t 值在 0.05 水平上显著，表明其因子项系数显著异于 0，可进入回归方程。回归分析结果显示这些机遇因子对机遇成果有强解释能力，说明该因子所含变量在持续创新过程中带来机遇的可能性较大。因此，该主成分因子下所包含的变量假设 H1a、H1b、H2a、H3b、H4a、H4c、H5 成立，即假设 H1、H2、H3、H4和H5 得到验证。

企业市场机遇因子、自主创新机遇因子、个人素质机遇因子虽然标准回归系数为正，与假设的正相关性相符，但 t 值在 0.05 水平上都不显著，表明其因子项系数不显著异于 0，机遇因子对机遇成果没有解释能力。而项目预判及协同机遇因子的标准系数为-0.361，虽然 t 值在 0.05 水平上显著，但回归系数为负与假设的正相关性不符。所以这些机遇因子不可进入回归方程，回归方程结果显示，该主成分因子下所包含的变量假设 H1c、H2b、H3a、H4b 不成立。H1c 不成立可能是由于对于经济一体化或全球化而言，企业所面临的大的市场发展环境是一样的，是所有企业共同所拥有的，因此，对于创新型企业而言，市场所带来的创新机遇就显得较为微弱。H2b 不成立的原因在于，虽然技术创新是经济增长、社会进步的重要动力，但技术创新并非易事，尤其是进行原始创新和二次创新难度更大。对于创新能力较弱的企业则通过模仿来实现发展，即使对于创新能力较强的企业，大多数也通过彼此间的合作，以资源共享、优势互补实现技术的开发与创新。H3a 不成立可能是由于中国是一个高关系型社会，企业家所得到的创新机遇往往来自于其社会网络信息或社会资本，与企业家的警觉性、个人特质及心态等关系不大。同理，H4b 不成立可能是由于企业所处环境的复杂多变性，行业的发展趋势具有不可预测性或企业预测能力较差；同时，我国目前企业管理不完善或管理能力较差，企业项目与其他资源的协同作用不明显，因此，此假设对企业机遇识别作用不明显。

表 4.4　系数及显著性检验表

模型	非标准化系数		标准系数	*t*	*Sig.*	相关性	共线性统计量
	B	标准误差	试用版			偏	容差
（常量）	−7.254	2.298		−3.157	0.004		
创新环境机遇	0.695	0.115	0.650	6.029	0.000	0.758	0.650
市场机遇	0.101	0.111	0.086	0.909	0.372	0.172	0.848
创新资源机遇	0.229	0.098	0.236	2.348	0.026	0.412	0.745
合作集成创新	0.339	0.111	0.317	3.072	0.005	0.509	0.708
自主创新	0.012	0.106	0.011	0.110	0.913	0.021	0.811
个人素质机遇	0.066	0.129	0.048	0.509	0.615	0.097	0.838
个人能力机遇	0.410	0.136	0.299	3.015	0.006	0.502	0.766
项目管理及商业化机遇	0.295	0.128	0.264	2.304	0.029	0.405	0.573
项目预判及协同机遇	−0.555	0.177	−0.361	−3.128	0.004	−0.516	0.565
项目优势机遇	0.289	0.123	0.225	2.337	0.027	0.410	0.814
风险性机遇	0.320	0.117	0.252	2.730	0.011	0.465	0.887

注：因变量为机遇成果。

3）调节作用

决策者的风险偏好可能会对重大环境机遇、技术机遇、经营者人因机遇、重大项目机遇和风险性机遇因素在分析评价的过程中具有调节作用。为验证决策者决策行为的不同是否会对机遇因素的评价具有调节作用，本书将研究样本分为风险爱好型、风险中性型和风险厌恶型三组。对这三组数据样本进行比较，分别计算在三种不同决策行为下，机遇成果对重大环境机遇、技术机遇、经营者人因机遇、重大项目机遇和风险性机遇的回归，回归结果如表 4.5 所示，对于这 5 个自变量来说，风险爱好型、风险中性型和风险厌恶型三组回归方程具有显著效应，表明决策者偏好具有显著的调节作用，即决策者偏好对重大环境机遇与机遇成果之间的关系、技术机遇与机遇成果之间的关系、经营者人因机遇与机遇成果之间的关系、重大项目机遇与机遇成果之间的关系、风险性机遇与机遇成果的关系具有正向的调节作用。因此，假设 H6 得到验证。

表 4.5　风险偏好的调节作用

	风险偏好	R	R^2	修正的 R^2	估计值的标准误差	统计量估计				
						R^2 的增量	F 值	$df1$	$df2$	F 值的显著性概率
重大环境机遇	风险爱好型	0.755[a]	0.569	0.532	1.035	0.569	15.422	3	110	0.000
	风险中性型	0.412[a]	0.170	0.142	1.68224	0.170	6.060	3	175	0.001
	风险厌恶型	0.513[a]	0.263	0.224	1.30825	0.263	6.772	3	101	0.001
技术机遇	风险爱好型	0.627[a]	0.393	0.359	1.211	0.393	11.638	2	111	0.000
	风险中性型	0.358[a]	0.128	0.109	1.71431	0.128	6.603	2	176	0.002
	风险厌恶型	0.529[a]	0.280	0.255	1.28144	0.280	11.293	2	102	0.000
经营者人因机遇	风险爱好型	0.633[a]	0.401	0.367	1.203	0.401	12.026	2	111	0.000
	风险中性型	0.337[a]	0.114	0.094	1.72815	0.114	5.780	2	176	0.004
	风险厌恶型	0.499[a]	0.249	0.223	1.30904	0.249	9.611	2	102	0.000
重大项目机遇	风险爱好型	0.752[a]	0.566	0.529	1.038	0.566	15.229	3	110	0.000
	风险中性型	0.395[a]	0.156	0.128	1.69557	0.156	5.500	3	175	0.002
	风险厌恶型	0.612[a]	0.375	0.342	1.20461	0.375	11.397	3	101	0.000
风险性机遇	风险爱好型	0.568[a]	.323	0.304	1.262	0.323	17.621	1	112	0.000
	风险中性型	0.306[a]	.094	0.084	1.73822	0.094	9.387	1	177	0.003
	风险厌恶型	0.457[a]	.209	0.195	1.33221	0.209	15.560	1	103	0.000

注：a. 复相关系数。

另外，由表 4.6 中各自变量回归系数可知，对于相同的风险性机遇环境而言，风险爱好型决策者对于风险性机遇价值评价的增长率要大于风险厌恶型和风险中性型决策者。比如，对于风险爱好型决策者来说，风险性机遇对机遇成果影响的回归系数为0.568且显著，而对风险厌恶型和风险中性型决策者来说，其风险性机遇对机遇成果影响的回归系数分别为 0.457 和 0.306 且都显著，即 0.568>0.457>0.306。进一步说，随着风险性(或重大环境)机遇水平的提高，风险爱好型决策者对风险性(或重大环境)机遇价值的估值比风险厌恶型和风险中性型决策者对其的估值要大(图 4.8、图 4.9)。在技术机遇或经营者人因机遇、重大创新项目机遇水平较低时，风险爱好型决策者对技术机遇或经营者人因机遇、重大创新项目机遇价值的估值比风险厌恶型和风险中性型决策者对其的估值要低。但当技术机遇或经营者人因机遇、重大创新项目机遇水平超过某一特定点(两条直线的交点)后，风险爱好型决策者对技术机遇或经营者人因机遇、重大创新项目机遇价值的估值比风险厌恶型和风险中性型决策者对其的估值大(图 4.10、图 4.11、图 4.12)。

表 4.6　各自变量的回归系数

		重大环境机遇			技术机遇		经营者人因机遇		重大创新项目机遇			风险性机遇
		*a*1	*a*2	*a*3	*b*1	*b*2	*c*1	*c*2	*d*1	*d*2	*d*3	*e*1
风险爱好型	标准化系数	0.751^{***}	0.266^{*}	0.316^{**}	0.524^{***}	0.330^{*}	0.456^{**}	0.350^{*}	0.696^{***}	0.313^{*}	0.271^{*}	0.568^{***}
	常数项		2.608		0.298		0.568			2.066		3.612
	t 值	6.491	2.253	2.771	4.035	2.540	3.446	2.648	5.844	2.555	2.223	4.198
	p 值	0.000	0.031	0.009	0.000	0.016	0.001	0.012	0.000	0.015	0.033	0.000
风险中性型	标准化系数	0.310^{**}	0.224^{*}	0.194^{*}	0.285^{**}	0.220^{*}	0.250^{*}	0.239^{*}	0.263^{**}	0.206^{*}	0.238^{*}	0.306^{**}
	常数项		1.903		3.659		3.819			2.128		3.241
	t 值	3.202	2.312	2.003	2.900	2.235	2.521	2.407	2.697	2.109	2.435	3.064
	p 值	0.002	0.023	0.048	0.005	0.028	0.013	0.018	0.008	0.038	0.017	0.003
风险厌恶型	标准化系数	0.261^{*}	0.253^{*}	0.260^{*}	0.285^{*}	0.495^{***}	0.338^{**}	0.418^{**}	0.234^{*}	0.367^{**}	0.345^{**}	0.457^{***}
	常数项		1.581		1.316		1.683			0.350		3.424
	t 值	2.151	2.215	2.156	2.524	4.387	2.939	3.635	2.215	3.192	3.015	3.945
	p 值	0.036	0.031	0.035	0.014	0.000	0.005	0.001	0.031	0.002	0.004	0.000

注：***、**、* 分别表示在 $p<0.001$、$p<0.01$、$p<0.05$ 的水平下显著。

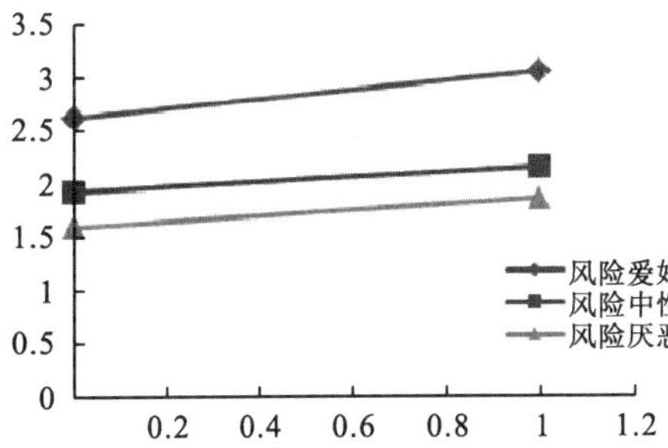

图 4.8　风险偏好对重大环境机遇的调节作用

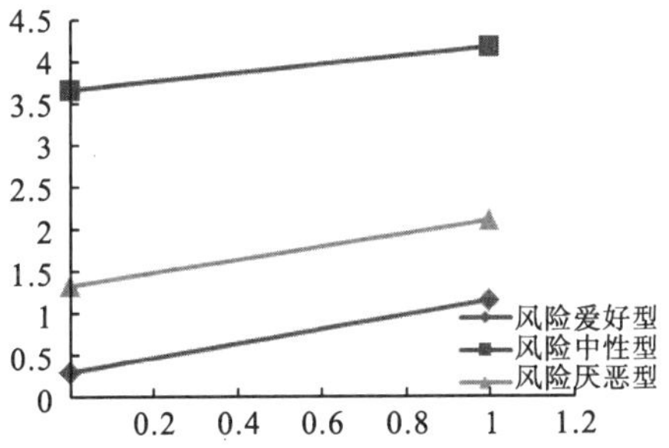

图 4.9　风险偏好对技术机遇的调节作用

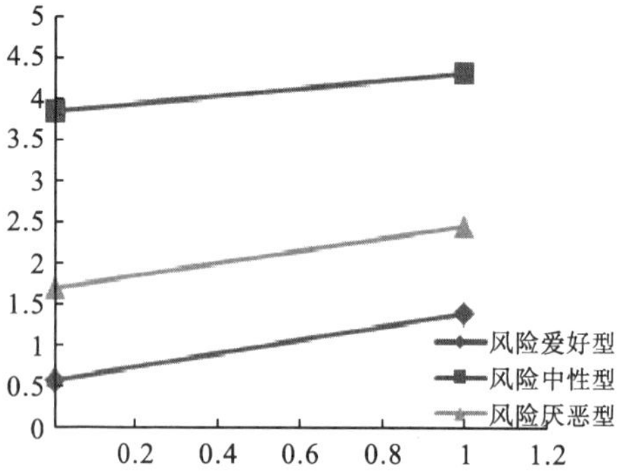

图 4.10 风险偏好对经营者人因机遇的调节作用

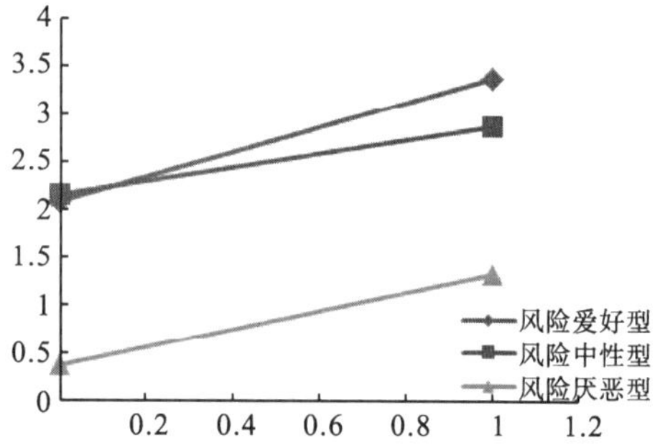

图 4.11 风险偏好对重大项目机遇的调节作用

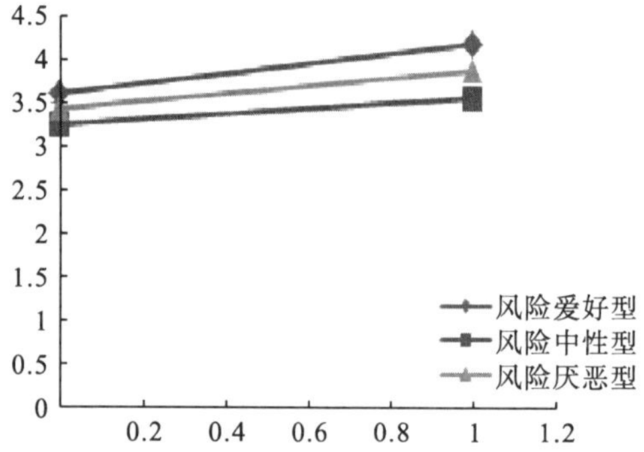

图 4.12 风险偏好对风险性机遇的调节作用

4) 显著性回归因子及重大机遇因素

通过回归分析，最终得出 7 个创新型企业持续创新过程的重大机遇因素，共 24 个变量，它们构成了创新型企业持续创新过程的重大机遇因素集(如表 4.7 所示)。

表 4.7 具有回归显著性的因子及重大机遇因素

因子	机遇因素	因子	机遇因素
创新环境机遇	政策法律机遇	个人能力机遇	管理决策能力机遇
	金融环境机遇		先验知识机遇
	市场环境机遇		创新意识机遇
	生态环境机遇		社会网络机遇
创新资源机遇	技术资源机遇	项目管理及商业化机遇	项目管理能力机遇
	管理资源机遇		信息获取和沟通能力机遇

续表

因子	机遇因素	因子	机遇因素
合作集成创新机遇	资产资源机遇	项目优势机遇	项目商业化能力机遇
	模仿创新机遇		项目关键技术机遇
	合作创新机遇		项目资金机遇
	集成创新机遇		项目人力资源机遇
风险性机遇	政策风险性机遇		技术风险性机遇
	市场风险性机遇		国际风险性机遇

对于合作集成创新机遇、创新环境机遇和个人能力机遇而言，由于其机遇因子的系数较大，依次为 0.339、0.695 和 0.410，表明在创新型企业机遇识别过程中需要关注这三个机遇因子。随着市场竞争的不断加剧，企业面临的发展环境越来越复杂，如何在多变的环境中发现创新机遇显得尤为重要。首先，企业需积极做好对内外部环境的扫描工作，以便发现机遇，尤其应分析涉及政府政策的发展方向以及竞争对手的竞争策略等信息。同时，创新机遇的出现离不开创新资源的良好耦合，即创新资源机遇，虽然其回归系数为 0.229，但是拥有较多的创新资源，就意味着拥有更多创新机会。企业持续创新过程也需要对企业本身的发展和拥有资源的状况进行分析，以便从中发现潜在的机遇。

对于技术创新机遇而言，由于受自身能力和资源的限制，单独个体的自主创新将较难实现，目前较为普遍的就是合作集成创新，集众人之长围绕共同的目标充分发挥彼此的优势和长处，合理配置资源进行技术创新，以期突破影响行业发展的核心技术，最终达到合作共赢的目的。因此，对于创新型企业而言，有必要积极寻找合作伙伴，通过彼此资源和能力的优势互补，积极寻找新的技术机遇，加强合作并实现技术创新。

对于经营者人因机遇而言，许多文献提出经营者对于企业的持续创新影响较大，这与本书的研究结果相符。本书认为，影响机遇识别的人因因素主要指经营者个人能力机遇，包括管理决策能力、先验知识、创新意识和社会网络机遇等，与流行的企业家精神和领导者特质论不符。究其原因，本书认为前者适用于大多数普通管理者，后者只适用于个别企业及一定历史时期的个人。

创新型企业持续创新是创新项目不断实现的过程，因此，创新型企业需格外关注企业创新项目机遇，尤其是涉及企业未来发展方向的重大创新项目。本书认为，捕捉重大项目机遇需要关注项目管理能力及商业化机遇和项目优势机遇，其因子得分分别为 0.295 和 0.289。实施创新项目，企业需要具备能够实施该项目的优势条件，这是项目能够顺利实施及完成的基本条件。同时，企业还需具备较好的项目管理能力及商业化能力，较好的管理能力以合理配置有限的资源，确保项目按期高质量地完成。另外，较好的商业化能力能够促进项目成果转化，为企业带来经济效益。

由于机遇往往产生于不确定的环境因素中，只有不稳定的状态才有机遇产生的可能性。因此，在创新型企业持续创新的过程中，风险性机遇也是需要关注的对象。回归模型中，风险性机遇的回归系数为 0.320，表明在创新型企业持续创新与识别的过程中，风险性机遇也是机遇来源的重要因素之一。在企业持续创新的过程中，应该辩证地看待其面临的风险问题，在不确定中及时发现可能存在的、潜在的有利于企业发展的机遇，并将其加以营造利用，从而将其转化为促进企业持续创新的发展机遇。

4.2.3 结果分析

本节从创新型企业持续创新机遇管理的重要意义入手，分析梳理了当前关于创新机遇发现与识别的研究现状，提出相关的研究假设并进行验证，最终得出了创新型企业持续创新机遇识别的要素。总体而言，实证分析得出如下四方面的结果：

(1)综合使用多元回归法和结构方程模型，构建了创新型持续创新机遇识别模型，这对于创新机遇和风险识别是一个较好的尝试和创新。当前机遇识别的研究方法主要有数据挖掘法、故障树法、BP 神经网络法、层次分析法、多模式推理法、信息搜索法和超图理论法等方法，然而这些方法对数据收集和技术要求较高，在实践过程中操作难度较大，没有较大的推广价值和借鉴参考。本节创新性地综合运用多元回归法和结构方程模型，以现有文献为理论基础，以实地调研为依据，提出了影响创新型企业持续创新机遇识别的因素假设集以及决策者行为在机遇识别过程中的调节作用，对假设集进行了验证，得出了影响企业潜在机遇成果的关键性机遇因素。同时，深入分析和实证验证了创新型企业机遇识别过程中决策者行为偏好对机遇识别因素的调节作用，最终识别出重大机遇要素。

(2)基于风险与机遇并存的理念，提出风险性机遇的概念并对其识别进行分析。当前关于持续创新机遇的分类主要从机遇的来源、机遇的时间、机遇的性质等方面展开，但本节从机遇与风险并存的视角提出风险性机遇的概念并构建其识别方法体系，研究视角具有一定的独特性。创新型企业持续创新过程中面临着经济金融风险、市场风险、能源和原材料风险、政策法律风险、自然生态环境风险、技术环境风险等，然而，企业面临的重大风险并非是只可能带来负面效应的“纯粹风险”，而是既蕴含着负面可能性，也同时蕴含着正面可能性的“机遇性风险”。创新型企业面对各类风险时如果能够有效地识别、评价、抓住并利用机遇因素，化风险为机遇，就能够促进创新型企业持续创新的实现。

(3)基于企业家决定企业创新成败的实践范例，提出经营者人因机遇的概念并对其机遇识别进行分析。经营者人因机遇是相对于经营者人因风险而提出来的，它指创新型企业经营者良好的个人素养及经营方式促使企业实现预期目标，并为企业带来收益的机遇，主要包括经营者的创新意识、道德素养、能力、知识等因素带来的机遇。本书通过识别创新型企业持续创新过程中的经营者人因机遇，得出经营者的创新意识、先验知识和社会网络资源对企业机遇识别具有显著影响，能够促进创新型企业持续创新的实现。

(4)为我国创新型企业持续创新过程机遇管理提供了重要的理论基础和实践参考。随着“创新型国家”建设的深入实施，创新型企业建设在我国如火如荼地进行。而创新型企业如何发现、识别和利用有利于企业发展的重大机遇，进而使企业保持创新优势、实现快速发展，已成为我国创新型企业建设的核心问题。因此，创新型企业机遇管理理论，尤其是机遇识别理论亟须丰富与完善。总体而言，本书的研究补充和完善了企业持续创新机遇管理理论基础，可为我国创新型企业持续创新机遇识别提供较强的理论依据和参考，并使创新型企业能够更好地发现与识别机遇，准确把握并加以利用，以保障创新型企业持续创新的实现。同时，本书的研究可为当地政府部门支持创新型企业建设提供一定的理论指导和实践范例，从而为更好地贯彻实施创新驱动发展战略，实现创新型国家建设提供坚实保障。

4.3 创新型企业持续创新机遇的动态识别机制分析

4.3.1 创新型企业持续创新机遇识别及影响要素分析

1. 创新型企业持续创新机遇的动态识别机制概念及内容

持续创新机遇动态识别反映出机遇管理的市场和竞争环境瞬息万变，从而导致产生和营造机遇的条件发生变化，因而企业要具备权变的观念来发现和营造机遇。机制指系统为维持其潜在功能并使之成为特定的显现功能而以一定的规则规范系统内各组成要素间的联系、调节系统与环境之间关系的内在协调方式及其调节原理。基于创新型企业、持续创新机遇、动态识别及机制的概念，本书提出，创新型企业持续创新机遇的动态识别机制指在复杂多变的市场和竞争环境下，针对创新型企业持续创新过程的重大机遇，构建发现与识别体系，同时紧密关注外部市场环境的变化并做出机遇管理的迅速反应，从而识别出有助于创新型企业持续创新实现的机遇。此外，综合当前对机遇管理的研究以及我国创新型企业实践，发现对创新型企业持续创新过程产生重大影响和促进作用的机遇包括技术机遇、市场机遇、制度性机遇以及风险性机遇四类，这四类机遇相互联系、互相影响，因而创新型企业持续创新机遇识别的目标主要针对这四类机遇。

2. 创新型企业持续创新机遇识别的影响要素

针对当前国内外学者对机遇识别影响要素的分析，本书对影响机遇识别的要素进行归纳总结，得出影响持续创新机遇识别的要素包括主观和客观两类，其中主观要素包括企业家精神、社会网络、信息等因素，企业家精神还包括企业家意图、企业家个人特性、先验知识、认知能力和企业家警觉等；客观要素包括外部环境和机遇本身。由于影响机遇识别的要素众多，各个要素影响机遇识别的重要程度不同，笔者从主观因素和客观因素的角度提出了 22 个影响机遇识别的要素，运用主成分分析方法对这些要素进行了实证分析，得出外部环境、信息、个人特征、社会网络、认知特征是影响企业持续创新机遇识别的 5 大主要因素。外部环境影响机遇识别主要是由于环境的变化、对环境认识程度的变化。例如，国家产业政策的调整、技术进步、政治和经济体制的改革、文化和社会方面的变革等，都可能不同程度地产生新的机遇。信息要素影响机遇识别主要源于信息的不对称现象普遍存在。在完善的市场信息系统，企业可以最广泛地收集需求的信息以及机遇识别所需的大量数据资料，以便识别机遇。但在不完善的市场信息环境下，企业较难收集所需的信息和数据来识别机遇。个人基本特征主要指企业家或员工的成长背景、冒险精神、创业创新精神以及识别机遇的意愿等特质，机遇识别在很大程度上取决于企业家和机遇管理员工的基本特质，它是影响机遇识别的主要因素。社会网络是社会个体成员之间因为互动而形成的相对稳定的关系体系，关注的是人们之间的互动和联系，社会互动影响人们的社会行为，是企业家与机遇的主要连接纽带和桥梁，是机遇信号传递的主要途径，也是影响机遇识别的主要要素。认知特征主要指企业家或个人的知识、经验和远见卓识等。当企业家或者个人拥有了足够的知识后，就能够比其他人领先一步发现并识别出机遇；丰富的经验可以帮助企业家发现比较隐蔽的事情或者趋势，识别潜在的机遇，规避风险；远见卓识也是企业家或者个人的一种能力，这种能力越高，识别机遇的能力就越强。

4.3.2 创新型企业持续创新机遇的动态识别机制构建

创新型企业持续创新目标的实现依靠连续不断的重大机遇的推动，要持续不断地营造新的重大机遇，需要设计企业持续创新机遇的动态识别机制，实现重大机遇管理制度化和规范化，从而推动企业持续创新目标的实现。在企业持续创新机遇识别的影响要素中，外部环境的变化与重大风险的产生紧密相关，个人特征和认知特征反映企业家和机遇管理员工的能力和意识，社会网络和信息影响机遇识别，另外，设立专门的机遇管理部门对于创新型企业识别持续创新机遇具有重要的意义。因而，基于影响机遇识别的 5 大要素以及机遇识别过程，以企业经营者具有强烈的机遇管理意识为前提，以机遇管理权变意识为理念，从机遇管理部门化、外部环境风险预警机制、人才激励机制、信息管理机制、社会网络机制五个方面设计创新型企业持续创新机遇的动态识别框架，这五种机制相互作用、相互联系，形成一个有机的体系。只有系统内的每个要素有效运行才能发挥识别机制的整体效应，才能为创新型企业对持续创新机遇的动态识别提供制度保障。具体的识别机制如图 4.13 所示。

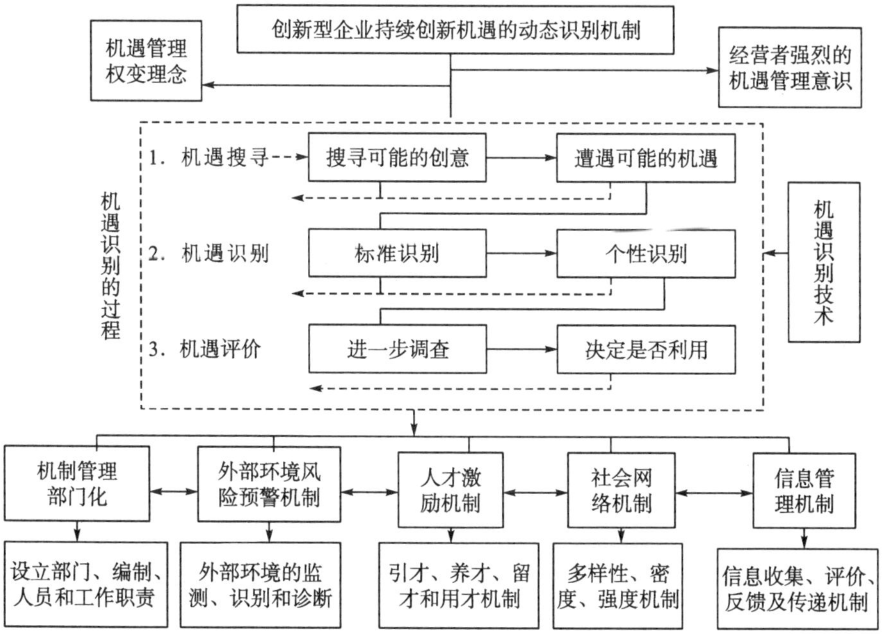

图 4.13　创新型企业持续创新机遇的动态识别机制

1. 机遇识别的前提和理念

创新型企业持续创新机遇动态识别机制的前提是企业经营者具备强烈的机遇管理意识，要意识到重大机遇对于创新型企业持续创新目标实现的重要意义，同时具备一定的发现机遇、评价机遇和利用机遇的能力。如果企业经营者不具备强烈的机遇管理意识和动机，整个识别机制就没有实质性的效应。此外，企业经营者和员工必须以机遇管理权变意识为理念。由于外部环境瞬息万变，产生机遇的条件会发生相应变化。因而，企业经营者和员工要不断对机遇的存在条件进行监控、分析、评估和辨别，发现并掌握其变化的趋势，及时调整自身的决策和行动，从而发现和营造机遇，实现对持续创新机遇的动态识别。

2. 机遇识别的过程

根据 Lindsay 对机遇识别过程的划分，机遇识别可分为机遇搜寻、机遇识别和机遇度量三个阶段。机遇搜寻阶段是企业经营者对可能存在的创意展开搜索，如果经营者意识到某一创意可能是潜在的商业机会，具有潜在的发展价值，就将进入机遇识别阶段。机遇识别阶段是指从创意中筛选合适的机会，这一过程包括标准化识别和个性化识别。标准化识别通过对整体的市场环境分析判断该机遇是否属于有利的商业机会，个性化识别指这一机遇是否有价值。机遇度量阶段主要对企业的财务指标、创新团队的构成等进行评价，最终决定是否利用机遇。

3. 机遇识别的管理机制

(1)机遇管理部门化。机遇管理部门化是机遇识别机制的核心和基础，它指在企业内部进行组织结构革新，建立专门的机遇管理部门，从而使机遇管理制度化和规范化。设置专门的部门并安排人员对机遇进行管理，能够实现重大机遇的持续管理。机遇管理部门化的设计思路如图 4.14 所示：首先，建立专门的机遇管理部门，聘请专业人才对机遇进行管理；其次，对员工进行机遇管理的专业知识培训，使其熟练掌握机遇管理的技能和知识，提高重大机遇管理效率；再次，明确员工进行机遇管理的权责关系，建立严格的责任追究制度；最后，对企业组织结构进行革新，以提高机遇管理部门化的效率。如果组织结构向扁平化和柔性化的方向发展，能够改进部门间的信息交流和沟通，提高员工的积极性，从而改进机遇管理部门的效率，实现对重大机遇的持续管理。

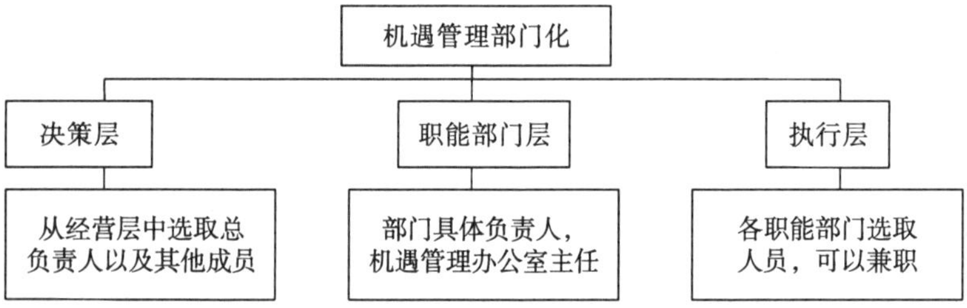

图 4.14　创新型企业持续创新机遇识别的组织结构

(2)外部环境风险预警机制。外部环境风险预警机制指对机遇管理过程中产生的风险进行防范和控制的机制。机遇与风险相对应，在识别和捕捉机遇的同时伴随着重大风险的发生，因而设计机遇识别的风险预警机制，提前防范和积极应对风险，是提高创新型企业持续创新机遇识别效率的重要保障。外部环境风险预警机制的设计思路可借鉴巫英等(2013)构建的企业持续创新过程重大风险预警机制，同时结合创新型企业持续创新机遇识别的特征，构建如图 4.15 所示的风险预警机制：首先，通过调研和总结分析，识别出创新型企业持续创新机遇管理过程中可能存在的风险因素，对各种风险因素进行筛选和分类并进行评估，构建风险预警的指标体系。其次，构建相应的风险预警等级，设计风险预警机制。当外部环境发生重大变化时，风险也就产生，根据指标体系对风险等级进行评价，如果风险等级较高，则企业采取红灯、黄灯预警，要根据风险预警状态对机遇识别及时做出调整和防范。风险预警机制能够为企业提前防范风险提供信息，从而避免风险导致的重大损失，实现防患于未然。最后，提高企业风险应对能力。风险预警机制并非在所有情况下都能够发挥作用，在外部环境发生剧烈变化的情况下，风险预警机制也会失灵，因而当发生这种情况时企业要有能力应对风险，以尽可能减少风险导致的损失。

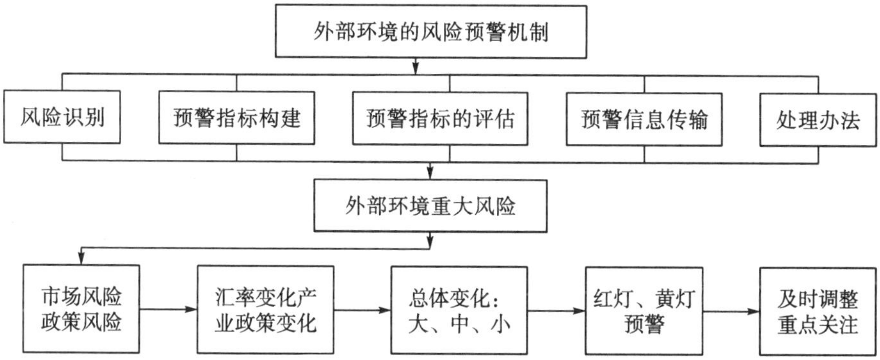

图 4.15　创新型企业持续创新机遇识别的风险预警机制

(3)人才激励机制。人才激励机制指创新型企业持续创新过程中对经营者和相关员工提供动力的机制，包括引才、养才、留才和用才机制。重大机遇管理不仅需要机遇管理部门员工的参与，也需要其他部门员工的参与，因而设计人才激励机制，持续不断地激发员工机遇管理的动力，识别并捕捉重大机遇。基于此，创新型企业持续创新机遇的人才激励机制设计思路如图 4.16 所示：首先，制定员工进行机遇管理的奖励政策，使激励员工形成制度化；其次，综

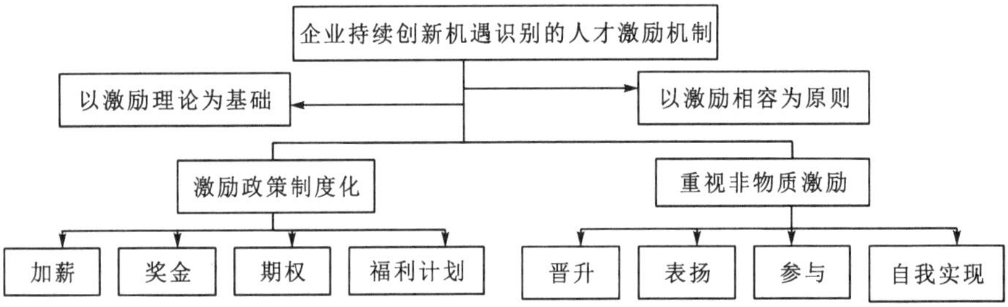

图 4.16 创新型企业持续创新机遇识别的人才激励机制

合运用激励管理理论，遵循激励相容原则，针对员工的不同需求，采取差异化的激励方式；最后，注重非物质激励的重要作用，例如，职务晋升、表扬、自我实现等方式，这有时更有利于调动员工进行机遇管理的积极性。

(4)信息管理机制。信息管理机制指创新型企业在持续创新机遇识别的过程中对信息进行收集、评价、反馈和传递的机制。在激烈的市场竞争中，企业面对纷繁复杂的信息，如何收集、评价、反馈和传递信息，从而对机遇的发现和识别产生重大的促进和支撑作用，是创新型企业持续创新机遇识别的重要内容。信息管理机制的设计思路如下：首先，设计信息收集机制。收集信息是信息管理的实际起点，是创新型企业通过信息手段识别机遇的前提和基础。要提高对持续创新机遇的识别能力，一个很重要的手段就是获取尽可能详细、具体的有利形势。其次，建立信息评价机制。信息评价机制能增加信息的价值与准确度，采用一定的信息鉴别、筛选与分析加工的方法对收集到的信息进行整理，

并形成准确而有价值的参考信息。再次，建立信息传递机制。信息传递机制就是根据不同性质的信息，选择合适的传递模式与途径，促进企业信息在企业内部的共享与利用。最后，建立信息反馈机制。信息反馈机制的建立可以使机遇识别的效率大大提高，可以赢得员工的广泛理解与支持，从而为识别持续创新机遇打下坚实的群众基础。

(5)社会网络机制。社会网络机制指创新型企业持续创新机遇识别过程中与外界建立沟通和联络的网络机制，它可以有效地加强企业、组织和个人与外界的关系，提供更多的机遇识别信息，从而推动创新型企业持续创新的实现。社会网络的形式和主体是复杂多样的，有直接联系和间接联系、内部联系和外部联系、必然联系和偶然联系等，它包括与政府部门、企业机构、金融机构、中介服务机构、研究机构等的联系。社会网络机制因其密度、强度不同而影响机遇识别。社会网络机制的密度指企业之间相互连接的程度，企业之间的连接越多，网络密度越大，企业获得的信息就越多，越有利于机遇的识别。社会网络机制的强度指社会个体之间形成关系的质量，通常由紧密度、亲密度、信任度、交互频度和交互的持续性等因素构成。社会网络机制的强度越高，企业获得信息的质量越高，越有利于识别机遇。

4.3.3　案例分析：联想集团持续创新机遇识别机制分析

1. 联想集团持续创新机遇的实践

在长期的持续创新过程中联想集团识别并捕捉了 3 次极为重要的战略性机遇。第一次为“国有民营”的制度模式。联想在创业之初捕捉到一个至关重要的政策机遇，即中国科学院给它投资创办的试验性科技公司安排的“国有民营”的模式。按照这个模式，联想享有国有企业当时可以享有的一切政府对其的优惠政策，如银行贷款、海外办分支企业、香港上市等一般民营企业无法获得的政策支持。同时，可能由于中国科学院给予联想的创业资金很少，联想被赋予“民营”的权利，即可充分享有民营企业完全的经营决策权、人事和财务自主权，这是一般国企当时所无法享有的权利。第二次为获准进军香港。1988年，联想集团投资30万元港币，与港商合资成立香港联想电脑有限公司，从而给联想集团提供了国际化发展的重大历史性机遇，当年即实现了1.25亿元港币的销售额。此后，联想集团凭借香港上市的制度机遇开始尝试“职工持股”和“上市”等国内一般国有企业还远未触及的制度创新。第三次为分红权和股权获得批准。1993年，联想集团遭遇了近十年来发展中较大的挫折，但在柳传志看来，这却是开始实施联想产权制度创新的好契机。1993年下半年，柳传志正式请求中国科学院领导批准，给予联想员工35%股份的分红权，中国科学院1994年批准了授予联想员工35%分红权的请求。分红权的获得实质上成功启动了联想持续创新过程中极为关键的、渐进的“转大弯”式产权制度创新。到1999年，联想把分红权转化成股权(35%)，建立了较强大而持久的、具有产权激励机制的现代企业。

2. 联想集团持续创新机遇识别机制分析

联想集团在长期的发展过程中能够识别并捕捉3次战略性机遇以及其他机遇，这与联想建立了较为成熟的机遇识别和管理机制有紧密的联系。首先，联想集团的经营者具有强烈的持续创新精神和机遇管理意识。联想创始人柳传志是当代中国卓越的企业家，他数年如一日致力于把联想办成“百年老店”，始终保持着强烈的持续创新意识和机遇管理意识。柳传志的思想就是通过持久努力积累优势：“撒上一层土，夯实了，再撒上一层土，再夯实了。”在这种思想的指导下，联想的发展脚步扎实而稳重。联想通过稳定的发展积累资源，提高能力，改善环境，引导需求，实现了自身的目标。这个过程就是创造有利形势，即营造机遇。其次，联想具有机遇管理的权变意识。机遇具有产生、存续和消亡的过程，有其存在的条件和基础。当这种条件和基础(环境、资源、能力、目标等)发生变化时，原来的耦合状态被打破，机遇存在的条件丧失，机遇也将发生相应的变化。也就是说，机遇是变化的、不稳定的、有时效性的。因而，联想不断对机遇的存在条件进行监控、分析、评估和辨别，发现并掌握其变化的趋势，及时调整自身的决策和行动，从而发现和营造机遇。最后，联想安排专门的员工对机遇进行管理，同时建立风险管理体系。机遇管理要将发现、利用和营造机遇结合起来，因而联想安排专人对机遇管理负责，这样不仅能够发现众多的市场机遇，同时也能充分利用自己的资源和能力，营造各种机遇。在风险管控方面，联想集团的经营者和员工具有强烈的风险管理意识和精神，设置了专门的风险管理部门，在利用重大机遇前对其风险进行识别、评估并做出决策，从而规避风险。此外，联想建立了完善的人才激励机制、信息管理制度和社会网络机制，这些制度的设计为联想集团在持续创新的过程中识别并捕捉重大机遇提供了坚实的基础和保障。

4.4 本章小结

本章从创新型企业持续创新机遇管理的重要意义入手，分析梳理了当前关于创新型企业持续创新机遇发现与识别的研究现状，通过对创新型企业持续创新机遇的分析及界定，以现有文献为基础，以实地调研结果为依据，提出了影响机遇识别的机遇因素假设集以及决策者行为在机遇识别过程中的调节作用。同时，以调研数据为基础，构建了基于因子分析与多元线性回归的创新型企业持续创新机遇识别模型，并对机遇因素假设集以及决策者行为的调节作用进行了验证，识别出了关键机遇因素。另外，本章从创新型企业持续创新机遇识别的概念和内容入手，以企业经营者具备强烈的机遇管理意识为前提，以机遇管理的权变意识为理念，结合影响机遇识别的五大要素以及机遇识别过程，从机遇管理部门化、外部环境风险预警机制、人才激励机制、信息管理机制、社会网络机制五方面构建了创新型企业持续机遇识别的动态识别机制，从而实现了创新型企业持续创新机遇识别的制度化和规范化。

第 5 章　创新型企业持续创新机遇度量分析

第 4 章构建了创新型企业持续创新机遇识别模型，本章分析创新型企业持续创新机遇度量模型。机遇度量作为机遇决策过程中的核心环节，对于机遇决策起着越来越重要的作用，其水平和质量很大程度上影响和决定创新型企业持续创新的实现，甚至决定企业的生死存亡。因而提高企业家机遇度量能力和水平，对于提升创新型企业持续创新机遇的决策能力和水平，更好地把握和利用机遇起着至关重要的作用，因此，有必要对创新型企业持续创新机遇度量进行深入分析。本书尝试运用机遇管理和属性数学的相关理论，构建创新型企业持续创新机遇度量模型，为创新型企业持续创新过程更好地进行机遇度量，以及采取的机遇管理策略提供借鉴和指导。

5.1　创新型企业持续创新机遇度量指标体系构建

5.1.1　度量指标体系构建原则

由于创新型企业持续创新机遇度量是对创新优势进行评估，而机遇的产生将会受到各种因素的影响，是企业所处的内部环境因素、技术因素、经营者人因因素、重大创新项目因素和风险性机遇因素等共同作用、相互耦合的结果，这些因素彼此间相互影响、相互联系、相互制约，形成有机复杂的系统。因此，在对创新机遇进行度量时，度量指标体系的科学合理性是创新机遇度量可靠程度的基础和保证。本书遵循目的性、全面性、科学性、平衡性、实用性的原则对指标体系进行设计。

(1) 目的性原则。不同的度量目的将会选择不同的度量指标，在企业不同的发展阶段度量目的不尽相同。比如，有时企业度量活动是为了识别有利于创新发展的机遇，有时该项活动的目的则是对企业面临的潜在风险或阻碍企业持续创新的薄弱环节进行识别。因此，在对企业进行度量时首先需要明确度量目的，在此目标指导下才能保证度量活动不偏离预定方向。

(2) 全面性原则。创新机遇度量是多维的、复杂的体系，必须要全面反映创新型企业持续创新的真实情况。因此，在构建度量指标体系时也应反映相应内容，指标的选择应尽可能涉及所有关键因素(比如企业所处的内外环境因素、行业技术发展水平、经营者的个人因素、重大创新项目因素以及风险性因素等)，从而可以较为完整地反映创新机遇价值水平。

(3) 科学性原则。科学性原则指创新机遇度量体系能客观、准确地揭示和反映企业创新发展水平，保证机遇度量结果具有现实指导意义。机遇度量体系除了能客观、科学地反映创新型企业的持续创新发展水平外，还应突出可实现性，有些指标固然很好，但是很难获取研究数据，这类指标就必须剔除，不能作为机遇度量指标，这就是指标的科学性。另外，指标的确定也要符合具体运算模型的特点和要求，这样才具有科学性和可操作性。所选取的度量指标应具有科学基础，每个指标都应具有明确清晰的内涵和意义，可以较全面地反映创新机遇的相应特征。

(4) 平衡性原则。平衡性原则即构建创新机遇度量体系时要考虑到各个方面的影响因素、各个指标间的平衡。创新型企业是一个动态、复杂的组织，对该类企业进行创新机遇度量就具有复杂性和多维性特点，因此要结合创新型企业发展阶段的特点，平衡各类度量指标之间的关系。具体表现为要考虑到财务与非财务指标、静态和动态指标、主观和客观指标、定性和定量指标之间的平衡性。

(5) 实用性原则。实用性原则即创新机遇度量体系应该具有可操作性，可以通过一定的途径和方法得到相关的数据和信息，并通过对数据和信息进行统计、分析和处理后得到需要的结果，这也是创新机遇度量的最大目的所在。就理论性而言，创新机遇度量体系设计的指标越全面、数量越多，机遇价值度量就越准确、全面。就实际操作性而言，越全面、数量越多的机遇度量体系所需要收集的数据和信息会越多，除了增加时间成本、财务成本和工作量之外，复杂的指标体系更容易产生层次混乱、复杂的问题，从而偏离和扰乱度量目标。因此，选择和取舍指标时，应尽可能地以较少的指标反映创新机遇价值度量情况。

5.1.2 创新型企业持续创新机遇度量指标体系设计

基于第 4 章识别出的创新型企业持续创新关键机遇因素，作为本章持续创新机遇度量的指标体系。基于表 4.7，设计出如表 5.1 所示的指标体系。

表 5.1　创新型企业持续创新机遇因素

机遇类型	机遇因素	机遇起源
重大环境机遇（*E*）	政策法律机遇	由利率、股价等变动引起
	金融环境机遇	由市场波动及行业发生变化等引起
	市场环境机遇	产品原材料易得及价格降低引起
	生态环境机遇	有利政策和法规等的颁布、实施等引起
	技术资源机遇	自然存在的有利于企业发展的因素
	管理资源机遇	由企业拥有的管理人才带来的发展因素
	资产资源机遇	由拥有的有利于企业持续发展的资产因素
技术机遇（*R*）	模仿创新机遇	由技术创新的适应性带来的
	合作创新机遇	项目创新的技术可复制、移植性等
	集成创新机遇	技术互补、相互借鉴带来的机遇
经营者人因机遇（*M*）	管理决策能力机遇	准确的意识表现为正确的决策行为及管理
	先验知识机遇	好的道德素质表现出好的管理行为
	创新意识机遇	管理者具有很强的管理能力
	社会网络机遇	具有超前的观念、紧跟时代发展

续表

机遇类型	机遇因素	机遇起源
重大项目机遇（G）	项目管理能力机遇	具有较为成熟的项目运行管理能力
	信息获取和沟通能力机遇	便捷的信息获取能力和信息沟通传递优势
	项目商业化能力机遇	具有较强的项目商业化运行能力
	项目关键技术机遇	掌握、拥有实现技术突破的关键技术
	项目资金机遇	较为充足的项目运行资金或资金来源广泛
	项目人力资源机遇	拥有较为优秀的人力资源团队
风险性机遇（Q）	政策风险性机遇	相关政策试点、实验期带来的
	市场风险性机遇	市场快速变化，风险的反向转化
	技术风险性机遇	技术风险的突破
	国际风险性机遇	复杂国际环境的变化

5.2 构建基于属性测度的创新机遇度量模型

5.2.1 指标权重的确定

熵权法是一种客观赋权方法，它是信息论中用于度量信息量的，即一个系统越有序，信息熵就越低。反之，信息熵就越高。因此，信息熵也可以说是系统无序程度的一个度量。在度量过程中，所获信息的大小是度量精度和可靠性的决定因素之一，如果指标的信息熵越小，该指标提供的信息量越大，在综合度量中所起作用也越大，权重也越高。用熵权法确定的指标权重步骤如下：

1. 原始数据矩阵进行标准化

设 m 个度量指标、n 个度量对象得到的原始数据矩阵为

$$\boldsymbol{X}=\begin{pmatrix} x_{11} & x_{12} & \cdots & x_{1n} \\ x_{21} & x_{22} & \cdots & x_{2n} \\ \vdots & \vdots & & \vdots \\ x_{m1} & x_{m2} & \cdots & x_{mn} \end{pmatrix}$$

该矩阵标准化可得

$$\boldsymbol{R}=\left(r_{ij}\right)_{m\times n} \tag{5.1}$$

其中，

$$f_{ij}=\frac{r_{ij}}{\sum_{j=1}^{n}r_{ij}}\qquad(i=1,2,\cdots,m;j=1,2,\cdots,n)$$

式中，r_{ij} 为第 j 个度量对象在第 i 个度量指标上的标准值，$r_{ij}\in[0,1]$。

由于参与度量的各项指标有越大越优型、越小越优型，故需要对判断矩阵中的数据进行归一化处理，其方法如下：

(1)对于越大越优的收益性指标而言：

$$r_{ij}=\frac{x_{ij}-\min\limits_{j}\left\{x_{ij}\right\}}{\max\limits_{j}\left\{x_{ij}\right\}-\min\limits_{j}\left\{x_{ij}\right\}}$$

(2)对于越小越优的成本性指标而言：

$$r_{ij}=\frac{\max\limits_{j}\left\{x_{ij}\right\}-x_{ij}}{\max\limits_{j}\left\{x_{ij}\right\}-\min\limits_{j}\left\{x_{ij}\right\}}$$

2. 计算属性的熵值

$$h_i=-(\ln n)^{-1}\sum_{j=1}^{n}f_{ij}\ln p_{ij}\qquad(i=1,2,\cdots,m) \tag{5.2}$$

其中，$h_i\left(0\leqslant h_i\leqslant 1\right)$为第 i 项指标的熵值；$\frac{1}{\ln n}$为信息熵系数。当 $f_{ij}=0$ 时，规定 $f_{ij}\ln f_{ij}=0$。

3. 计算各属性的加权系数

$$w_i=\frac{1-h_i}{m-\sum_{i=1}^{m}h_i}\qquad(i=1,2,\cdots,m) \tag{5.3}$$

式中，$0\leqslant w_i\leqslant 1$。

5.2.2 构建基于属性测度的创新型企业持续创新机遇度量模型

1. 创新机遇度量方法

创新型企业持续创新机遇决策方法的选取是准确度量机遇大小、把握机遇成败的关键，只有选择合适的度量方法准确度量创新机遇，才能做出正确的决策，从而更好地把握机遇，实现创新型企业持续创新。本章采用属性测度法对创新型企业持续创新机遇进行度量，其原因如下：该方法不仅可以度量整体机遇情况，还可以给出每一等级机遇大小的情况，同时可以对各个等级起到一个先期粗略评估的效果。此外，该方法适用于多家企业机遇评比分析，进一步有效把握创新机遇。

2. 属性测度法度量步骤

(1)原始数据的获取。首先划分被度量对象(即企业持续创新机遇) X 的属性集。根据企业实际情况，诚邀各相关领域专家及企业高管对表 5.1 中筛选出的创新机遇指标逐项打分，本书采用普遍的 10 分制打分原则，然后将得到的各项分值经科学处理后作为原始数据。

(2)建立属性测度子系统。以 X 表示创新机遇综合属性值，并将以 X_i 中各级评判指标的某类评判属性空间记作 F，将评判级别 $C=(C_1,C_2,C_3,C_4,C_5)$ 称为 F 的分割，$C_k(1\leqslant k\leqslant 5)$ 为属性集，其中 X 中各元素 $X_i(1\leqslant i\leqslant 5)$ 所属 C_k 的紧密性用 $a_{ik}=a(i\in C_k)$ 表示，同理，X_i 中第 j 个指标 x_{ij} 所属 C_k 的紧密性记作 $\mu_{ijk}=\mu(t_{ij}\in C_k)$。其中，$C=(C_1,C_2,C_3,C_4,C_5)$＝(很弱，较弱，一般，较强，很强)。

以表 5.2 为依据，构建属性测度函数，记作 $\mu_{ijk}(t)$；然后将各指标值 t 作为输入量带入函数中，进而得到各级指标 I_j 的属性测度值。

表 5.2　单指标等级划分表

指标	C_1	C_2	C_3	C_4	C_5
I_i	0～2	2～4	4～6	6～8	8～10

其中，$a_{i0} < a_{i1} < \cdots < a_{ik}, 0<2<4<6<8<10$

令 $b_{i1} = \dfrac{a_{i0}+a_{i1}}{2} = \dfrac{0+2}{2} = 1$，同理得：$b_{i2}=3$，$b_{i3}=5$，$b_{i4}=7$，$b_{i5}=9$。

令 $d_{j1} = \min\left(\left|b_{j1}-a_{j1}\right|, \left|b_{j2}-a_{j1}\right|\right) = \min\left(\left|1-2\right|, \left|3-2\right|\right) = 1$，同理有：$d_{j2}=1, d_{j3}=1, d_{j4}=1, d_{j5}=1$。

单指标属性测度函数 $\mu_{ijk}(t)$ 如下：

$$u_{ij1}(t) = \begin{cases} 1, & t<0 \\ \dfrac{|t-1|}{2}, & 1 \leqslant t \leqslant 3 \\ 0, & 3<t \end{cases};\quad u_{ij2}(t)\begin{cases} 0, & t<1 \\ \dfrac{|t-2|}{2}, & 1 \leqslant t \leqslant 3 \\ \dfrac{|t-5|}{2}, & 3 \leqslant t \leqslant 5 \\ 0, & 5<t \end{cases};\quad u_{ij3}(t)\begin{cases} 0, & t<3 \\ \dfrac{|t-3|}{2}, & 3 \leqslant t \leqslant 5 \\ \dfrac{|t-7|}{2}, & 5 \leqslant t \leqslant 7 \\ 0, & 7<t \end{cases};$$

$$\mu_{ij4}(t) = \begin{cases} 0, & t<5 \\ \dfrac{|t-5|}{2}, & 5 \leqslant t \leqslant 7 \\ \dfrac{|t-9|}{2}, & 7 \leqslant t \leqslant 9 \\ 0, & 9<t \end{cases};\qquad \mu_{ij5}(t) = \begin{cases} 1, & 9<t \\ \dfrac{|t-7|}{2}, & 7 \leqslant t \leqslant 9 \\ 0, & t<7 \end{cases}$$

需要说明的是，由于创新型企业持续创新机遇因素都是定性的且属性统一，因此可共用同一个属性测度函数。将加权平均所得的各二级指标值作为输入值带入以上建立的函数中，可分别得到相应指标的测度向量，然后将这些向量以矩阵 $\boldsymbol{U}_i (1 \leqslant i \leqslant 4)$ 的形式表示，如：$(E,R,M,G)=(U_1,U_2,U_3,U_4)$。

(3) 构建度量对象综合属性测度子系统。采用常用加权求和方法，将 4 个测度矩阵分别乘以相应的指标权重，即可得到一级指标评判矩阵 $\boldsymbol{A}$，也就是创新型企业持续创新机遇综合属性值。

$$A = W_j \cdot (E,R,M,G) = W_j \cdot (U_1,U_2,U_3,U_4) = (A_E, A_R, A_M, A_G)^{\mathrm{T}}$$
$$= \begin{bmatrix} A_{E1} & A_{E2} & A_{E3} & A_{E4} & A_{E5} \\ A_{R1} & A_{R2} & A_{R3} & A_{R4} & A_{R5} \\ A_{M1} & A_{M2} & A_{M3} & A_{M4} & A_{M5} \\ A_{G1} & A_{G2} & A_{G3} & A_{G4} & A_{G5} \end{bmatrix}$$

式中，W_j 为第 j 个指标 I_j 的权重，$W_j \geqslant 0, \sum_{j=1}^{m} W_j = 1$。

(4)构建属性识别子系统。按照研究常用的置信度 $\lambda \in (0.6, 0.7)$ 准则来判断样本及各一级指标属性原则，本书以 $\lambda = 0.6$ 作为评判标准。

$$k_0 = \min\left\{k : \sum_{l=1}^{k} A_{il} \geqslant \lambda, i = E,R,M,G; 1 \leqslant k \leqslant K\right\}$$

(5)计算度量综合属性值及各一级指标风险属性值。用矩阵 A 乘以权重 W，所得结果就是度量目标对象 X 的最终评判值，即

$$V = W \times A = (V_1, V_2, V_3, V_4, V_5)$$

式中，W 为一级指标权重，结合属性识别方法，可分别计算出创新型企业持续创新机遇综合及各一级指标的机遇属性和大小等级。

$$k_0 = \min\left\{k : \sum_{l=1}^{k} V_i \geqslant \lambda, 1 \leqslant k \leqslant K\right\}$$

3. 对策决策

基于度量结果，可以从两个不同的角度做出度量分析。一是从机遇因素权重角度，根据主客观度量，运用组合权重法得到每个机遇因素的权重大小，从而指导创新型企业高度重视权重较大的机遇因素。二是从企业最终度量结果角度，该结果包括总度量及各一级指标度量情况，总度量结果是对企业目前面临机遇的整体把握，以便给出决策方案及建议。各一级指标度量是对企业某一方面的度量，可以清晰掌握企业的优劣势，同时起到机遇识别的风险预警效果。另外，如果总度量的结果不大或一般，但某一级指标的度量结果较大，也可以对该机遇加以利用，使其转化为促进企业持续发展的重大机遇。综合而言，基

于度量结果，可以使决策者详细了解企业生产经营过程面临的机遇状况，从而做出机遇决策。

5.3　模型应用——云南铜业集团持续创新机遇度量分析

5.3.1　案例简介

云南铜业集团是云南省首批创新型试点企业，是以铜金属的地质勘探、采矿选矿、冶炼加工、科技研发、净出口贸易为主的一家大型有色金属企业。公司前身为云南冶炼厂，1998 年进行股份制改革上市，正式更名为“云南铜业股份有限公司”。云南铜业集团目前不仅能生产多种主打产品，而且能综合回收多种有色金属，这主要得益于云南铜业集团对技术创新与技术改造的高度重视。公司大力引进国外先进技术，其主产品均采用国际标准组织生产；公司在积极消化吸收外来技术的基础上，大胆进行技术改造和创新，不断克服技术难题、突破技术瓶颈，在核心工艺上实现了技术突破和创新。在公司的战略选择上，云南铜业集团以主营业务为主、多元化为支撑的发展目标，走可持续发展道路，其愿景为打造“百年云南铜业集团”。现今，由于铜资源的大量开采及铜精炼技术的不断提高，造成市场上铜资源匮乏、供不应求。随着国际铜原料价格的上涨和国家加大对环保的监督力度，致使大量以铜为原料的企业面临大面积亏损的状态，艰难地维持生存。目前，云南铜业集团已通过走绿色化发展道路解决了该问题，例如，在“十二五”规划期间，云南铜业集团积极响应国家政策、走绿色可持续发展道路，大力开展废料回收项目并取得较大的成功，积极发展循环经济；积极引进新技术、升级改造落后的生产线，实现铜原料的循环利用，以此来降低企业运营成本，提高企业竞争力。虽然该项目取得了一定成效，但对于云南铜业集团来说，原料来源问题依然是制约企业未来发展的根本性原因，所以企业不仅要加强废料回收项目的建设，还需积极寻求其他可行办法确保企业未来的可持续发展。

5.3.2 创新型企业持续创新机遇度量

(1)数据收集。针对云南铜业集团目前的运营状况及面临的机遇，该集团邀请了高校、云南省科技厅、云南铜业集团高管及科研院所的10位专家对其进行度量。基于指标相对重要性原则对云铜集团目前运营状况及面临的创新机遇因素大小做出评判，由于涉及商业机密，原始数据不予公布。

(2)确定权重。根据创新机遇因素的判断结果进行加权平均，可得各指标权重如下：

$$\omega=(0.156,\ 0.245,\ 0.234,\ 0.227,\ 0.138)$$
$$W_E=(0.156,\ 0.119,\ 0.124,\ 0.136,\ 0.231,\ 0.100,\ 0.134)$$
$$W_R=(0.527,\ 0.327,\ 0.146)$$
$$W_M=(0.141,\ 0.263,\ 0.141,\ 0.455)$$
$$W_G=(0.112,\ 0.124,\ 0.226,\ 0.211,\ 0.201,\ 0.126)$$
$$W_Q=(0.351,\ 0.109,\ 0.324,\ 0.216)$$

(3)确定测度值矩阵。将专家打分结果的加权均值带入单指标属性测度函数，可得以下测度值矩阵：

$$E:\boldsymbol{U}_1=\begin{bmatrix}0&0&0.7&0.3&0\\0&0.6&0.4&0&0\\0&0&0&0.55&0.45\\0&0.25&0.75&0&0\\0&0&0.5&0.5&0\\0&0&0&0.7&0.3\\0&0&0.65&0.35&0\end{bmatrix}\quad R:\boldsymbol{U}_3=\begin{bmatrix}0&0&0&0.55&0.45\\0&0.2&0.8&0&0\\0&0&0&0.6&0.4\end{bmatrix}$$

$$M:\boldsymbol{U}_4=\begin{bmatrix}0 & 0 & 0.3 & 0.7 & 0\\ 0 & 0.4 & 0.6 & 0 & 0\\ 0 & 0 & 0 & 0.7 & 0.3\\ 0 & 0.6 & 0.4 & 0 & 0\end{bmatrix}\quad G:\boldsymbol{U}_1=\begin{bmatrix}0 & 0 & 0.8 & 0.2 & 0\\ 0 & 0.5 & 0.5 & 0 & 0\\ 0 & 0 & 0 & 0.55 & 0.45\\ 0 & 0.25 & 0.75 & 0 & 0\\ 0 & 0 & 0.5 & 0.5 & 0\\ 0 & 0 & 0 & 0.7 & 0.3\end{bmatrix}$$

$$Q:\boldsymbol{U}_2=\begin{bmatrix}0 & 0.3 & 0.7 & 0 & 0\\ 0 & 0 & 0 & 0.7 & 0.3\\ 0 & 0 & 0.65 & 0.35 & 0\\ 0 & 0 & 0.7 & 0.3 & 0\end{bmatrix}$$

(4)评判矩阵计算。各测度矩阵乘以对应权重，得到云铜集团持续创新机遇综合评判矩阵 $\boldsymbol{A}$：

$$\boldsymbol{A}=\begin{bmatrix}0 & 0.1054 & 0.4614 & 0.3474 & 0.0858\\ 0 & 0.0654 & 0.2616 & 0.3775 & 0.2955\\ 0 & 0.3782 & 0.3821 & 0.1974 & 0.0423\\ 0 & 0.1148 & 0.4104 & 0.3354 & 0.1394\\ 0 & 0.1053 & 0.6075 & 0.2545 & 0.0327\end{bmatrix}$$

取 $\lambda=0.6$，得

$$E:0+0.1054+0.4614+0.3478=0.9142>0.6,k_0=4$$

即云南铜业集团重大环境机遇为 C_4，所属机遇等级为较强。

$$R:0+0.0654+0.2616+0.3775=0.7045>0.6,k_0=4$$

即云南铜业集团技术机遇为 C_4，所属机遇等级为较强。

$$M:0+0.3782+0.3821=0.7603>0.6,k_0=3$$

即云南铜业集团经营者人因机遇为 C_3，所属机遇等级为一般。

$$G:0+0.1148+0.4104+0.3354=0.8606>0.6,k_0=4$$

即云南铜业集团重大创新项目因机遇为 C_4，所属机遇等级为较强。

$$Q:0+0.1053+0.6075=0.7128>0.6,k_0=3$$

即云南铜业集团风险性因机遇为 C_3，所属机遇等级为一般。

(5)确定综合属性值。将权重 ω 与矩阵 $\boldsymbol{A}$ 相乘，即可得云南铜业集团持续创新机遇综合属性值V：

$$V=[0\ \ 0.1616\ \ 0.4205\ \ 0.3041\ \ 0.1318]$$

取$\lambda=0.6$，得

$$0+0.1616+0.4025+0.3041=0.8682>0.6, k_0=4$$

即云南铜业集团综合创新机遇属于C_4，所属机遇等级为较强。

5.3.3 度量结果分析

(1)从指标权重的分配角度来看。创新型企业技术机遇所占比重较大，其次是经营者人因机遇。企业持续创新往往依赖生产技术的不断革新，因此技术创新尤为重要。同时，企业持续创新有赖于企业高层管理者的决策，优秀的企业家往往可以引领企业实现持续创新，因而经营者人因机遇不容忽视。在环境机遇与风险性机遇中，技术资源机遇、政策、法律机遇和政策风险性机遇同样重要，应给予高度重视。创新型企业持续创新离不开政策的支持，稳定的金融市场、相关政策、法律保障显得尤为重要。

(2)从度量结果来看。云南铜业集团的重大环境机遇、技术机遇和重大创新项目机遇较强，主要源于该企业长期对市场行情的准确把握，抓住有利机遇并成功实施创新项目，且废料回收项目取得成功。云南铜业集团抓住了国家大力推行资源综合回收利用政策的机遇，积极开发实施废料综合回收项目，取得了较好成效。然而，云铜集团也面临较大风险，虽然该企业大力引进先进技术，在技术消化吸收的基础上，大胆进行技术创新，使得企业废料回收项目取得一定成效，但其技术水平与国际先进水平相比仍存有一定差距，致使废料利用率低，回收成本相对较高。另外，云南铜业集团还存在融资难的问题，导致融资风险加大。因而，云南铜业集团在日常运营过程中应加强管理、补齐短板，化风险为机遇。

(3)总体评价来看。云南铜业集团持续创新机遇综合度量等级为较强，主要归功于企业对重大环境机遇的准确把握，能够响应国家政策，积极实施废料回收项目。因而云南铜业集团要发挥优势，重视对企业环境的监控，加强企业环境机遇扫描，建立完善的体制机制，使企业掌控环境变化并把握潜在机遇。另外，云南铜业集团风险性机遇度量结果一般，因而要建立企业持续创新风险管控机制，积极发现、识别、评估并规避风险，确保企业持续创新不断实现。此外，云南铜业集团还需把握废料综合回收机遇、进行关键技术研发，提升自身生产技术水平及管理水平，增强废料回收机遇的预期收益。

5.3.4　对策建议

(1)建立风险识别与评估机制，规避风险并把握机遇。持续创新是创新型企业保持创新优势、实现快速发展的强有力保障，然而，风险无处不在且与机遇并存。面对纷杂易变的外部环境，如何识别并规避风险，发现潜在机遇并准确把握是关键,有必要建立健全创新型企业的风险识别与度量机制,通过甄别、度量风险因素，起到先期预警效果。同时，发现并利用有利于企业发展的创新机遇，实现企业持续创新。

(2)加强科技研发，提升技术水平。云南铜业集团对于技术的依赖性较强，而拥有先进技术是企业实现持续创新的法宝。虽然目前云南铜业的废料回收项目取得了不错效益，但其技术水平与国际先进水平相比仍存在一定差距，从而致使废料利用率低、回收成本较高。因而，企业要加大科研投入，积极研发新技术、突破与产业相关的关键技术，才能提高效率、降低成本，从而实现持续创新。

(3)提高管理水平，优化管理层级。作为国有企业，云南铜业集团难免存在管理固化、机构臃肿的情况，企业管理层级较多，对外部环境的变化反应不够灵敏。企业能否保持创新优势，实现持续创新，拥有先进的管理理念和管理模式是关键。因而，云南铜业集团要大胆革新、摒弃陈旧的管理模式，积极引进先进的管理方式，提高企业管理水平。同时，企业要优化管理层级，打破固化的管理结构，为企业注入新活力，从而调动员工的积极性、提高工作效率。

5.4 本 章 小 结

持续创新是我国创新型企业不断追寻的目标，捕捉并利用机遇是创新型企业实现持续创新的重要保障。本章在创新型企业持续创新机遇识别的基础上，构建了持续创新机遇度量模型，并将该模型应用于云南铜业集团的实践中。该模型运用熵权法对度量指标体系进行权重确定，利用属性测度法对创新型企业持续创新机遇进行度量，根据度量结果提出相应对策建议。

第 6 章　创新型企业持续创新机遇决策分析

第 5 章构建了创新型企业持续创新机遇度量模型，本章重点构建创新型企业持续创新机遇的对策决策。由于创新型企业持续创新机遇决策是确定机遇事件最佳对策组合的过程，其目的是尽可能准确地把握和利用潜在的企业创新发展机遇，以此促进企业持续创新，它具有多目标、多属性的特点，属于多目标属性决策的范畴。基于此，本章将多属性决策的先进理论与方法引入创新型企业持续创新机遇决策，为机遇决策理论提供一个新的研究思路。

6.1　机遇决策概念及方法选择

6.1.1　机遇决策概念

20 世纪中叶以来，行为科学的方法和观点开始对决策理论产生重要而深刻的影响。描述性决策理论的主要创始人 Simon 提出了“满意标准”和“有限理性原则”，首开行为决策理论的先河。他进一步指出人的决策行为模式有“踌躇-选择型”和“刺激-反应型”两种。所谓行为决策理论就是运用行为科学的观点和方法，对人类的决策活动进行描述、解释和预测的一种理论。从行为决策理论的视角来看，机遇决策就是在特定条件的约束下，决策者以“有利事件/形势”为诱因，以获取超常收益为目标，及时利用各种决策信息，控制和调整企业内部条件，整合外部市场需求要素和环境要素，进行机遇价值的识别、评价，并选择价值最高的机遇甚至建构“机遇”、进而充分利用机遇的过程。从决策流程的角度来看，机遇决策是一个拟订方案、评估方案、实施方案的逻辑判断过程，即对机遇进行识别、评价和利用的行为过程。

因此，根据决策过程的一般逻辑思路以及机遇形成过程自身的特点，本章将机遇决策概念界定为：在特定的条件约束下，决策主体以“有利事件形势”为诱因，进行机遇价值的识别、评价，并选择价值最高的机遇事件最佳对策组合的过程，其目的是尽可能增加机遇所带来的潜在的跨越式发展。

6.1.2 机遇决策方法选择

对于决策方法的研究，目前主要集中在层次分析法、灰色关联法、TOPSIS法和模糊综合法等，章玲等(2007)构建了基于 Choquet 积分的层次多属性决策方法，并以企业的矿井选址问题进行验证。高显义等(2011)构建了基于区间数层次分析法的工程项目风险评估模型。陈继光(2011)构建了基于水资源管理的多指标灰区间数关联决策模型。王正新等(2010)在原有灰色关联分析法的基础上，给出了区间多属性决策灰色关联分析法。聂相田等(2012)将多目标方法与灰靶决策相结合应用于水库移民安置区优选问题中。Jahanshahloo 等(2006)对传统 TOPSIS 法进行改进，以此来解决区间决策问题。郭辉等(2011)构建了基于区间数的 TOPSIS 法对空袭目标威胁进行评估。杨小玲(2012)提出基于TOPSIS 的模糊多属性决策模型，并以此来对洪灾综合风险进行评价。向刚等(2013)运用模糊综合评价法对处于国际化战略转型期企业的重大环境风险机遇进行了识别和评判，并根据评价结果给出了决策建议。

以上研究方法的共同特点都是基于以下假设：决策者对决策事件能够有一个清晰的认识，能够很好地给出一个精确的事件发生值，即该类决策是确定性决策问题。但是由于日常生活中的决策问题都是不确定性的，本书引入直觉模糊多属性群决策方法，其理由如下：第一，进行决策时每一步都可能产生一定概率或随机变量，即该类决策属于随机性决策问题；第二，决策者可能会因为自己主观判断的局限性及对事物的认知不足，不能给予准确的信息或准确的概率分布；第三，在现实生活中，人们经常用模糊语言来描述事物或现象的不确定性；第四，人们在对事物的认知过程中由于对某种知识的缺乏，经常会对一些问题表现出一定的犹豫性，从而将认知的结果划分为肯定、否定或介于肯定与否定之间的犹豫性。基于此，本书引入直觉模糊多属性群决策方法，该方法能够很好地解决以上这些在决策中出现的问题。

1965 年，美国加利福尼亚大学的 Zadeh（1965）提出了模糊集（fuzzy sets）的概念，从而奠定了模糊集的理论基础。该类模糊信息常常表现为区间数、三角模糊数或梯形模糊数等。同时，由于人们在认知事物的过程中，常常存在着不同程度的犹豫或者表现出一定程度的知识匮乏，因而使得认知结果表现为肯定性、否定性或介于肯定性与否定性之间的犹豫性这三个方面。例如，在各种投票选举活动中，除了支持和反对两个方面以外，经常有弃权的情况出现。而保加利亚学者 Atanassov（1986）对 Zadeh 提出的传统模糊集理论进行了拓展，提出了直觉模糊集（intuitionistic fuzzy sets，IFS）的概念。由于其在仅考虑单一隶属度的传统模糊集的基础上增加了一个新的参数——非隶属度，进而可以描述“非此非彼”的“模糊概念”。因此，在处理模糊性和不确定性的决策问题时比传统的模糊集有更强的表达能力，更加灵活细腻。这种属性值为直觉模糊数的多属性决策问题称为直觉模糊多属性决策问题。其中，直觉模糊集的概念、运算法则、集成算子及距离公式在此不再赘述，详见张市芳（2012）在其论文《几种模糊多属性决策方法及其应用》中的详细介绍。

6.2 构建基于直觉模糊多属性群决策方法的机遇决策模型

6.2.1 创新机遇决策方案属性集

由第 5 章对创新型企业持续创新机遇的评价结果可知，企业存在有利的发展机遇，因此，接下来就是创新机遇的营造与利用。根据创新型企业运营现状及机遇度量中所发现的有利的潜在的发展机遇，从不同角度设计出合理的创新机遇方案，然后从众多机遇决策方案中选择一个最为满意的机遇决策方案进行实施，以求对创新机遇的准确把握与利用。本节主要从利润最大化、成本最小化、损失最小化、风险最小化和后悔值最小化五个角度对创新机遇决策方案进行选择。只有综合、充分考虑创新型企业这几方面的具体情况，才能筛选出有利于企业持续创新发展的较为满意的机遇决策方案，从而为企业创新机遇的把握与实现提供保障。

(1)利润最大化。企业决策目标不同，对企业的影响也不一样。在现实中，企业发展的动力往往是追求企业经营利润，希望通过努力经营获得较大的利润回报。企业是以营利为主要目标而从事生产经营活动，并向社会提供商品和服务的经济组织。从企业在社会经济生活中所起的作用和承担的经济责任出发，企业必须以实现利润最大化为其营运目标、遵循市场的一般规则，运用价格机制，实现企业利润最大化，这是创新型企业不断向前发展的目标与动力。创新型企业持续创新机遇是对未知领域的探索与创新，因此，将面临更大的风险和不确定性，持续创新过程需要投入更多的资金。因而，对于创新型企业而言，激励其在未知领域进行创新的最主要动力就是能够获取超额的利润回报。同时，创新型企业要想通过持续创新永葆创新优势，还必须投入大量的资金来支撑高昂的技术研发。由此可见，创新型企业持续创新要以获得超额利润为其目标之一。研究表明，以利润最大化为决策目标的创新型企业比以追求市场占有率最大化或成长速度最大化的创新型企业更具有持续发展能力。以利润最大化为目标的机遇决策，在倡导持续创新理念时，要着手风险性机遇的管理，以便采取有效的风险防范措施，从而实现利润最大化。

(2)成本最小化。创新型企业成本决策是现代企业经营决策的重要内容，是企业进行成本最小化决策的重点。成本是创新型企业经济效益的综合反映，是除了利润指标外，对创新型企业生产发展活动最敏感的经济指标，也是创新型企业持续创新首要考虑的问题。成本关系到企业的盈利与亏损，因此，成本最小化原则成为创新型企业持续创新的根本原则，是创新型企业持续创新机遇决策的主要方式。然而，企业在实施成本管理的过程中往往存在不可控因素的干扰，不可控因素越不清晰，对企业的影响越明显，进而造成企业成本增加，因此企业家把握机遇，实现成本最低的对策，这是企业持续创新的前提。对于创新型企业机遇决策而言，由于要投入巨额的研发费用，创新型企业更要考虑创新成本要素，认真评估创新项目是否值得投资，以免出现创新成本大于预期收益的情况，从而影响企业持续创新发展。创新型企业持续创新机遇决策成本包括直接成本和间接成本。直接成本包括人力投入、资金投入和设备投入，同时还包括企业从投入到开始获利的时间，这段时间的长短意味着企业面临着资金压力、股东压力和社会压力的长短。间接成本主要指机会成本，包括时间机会成本和资源机会成本。

(3)损失最小化。创新型企业持续创新带来收益的同时，风险也应运而生。与其他类型企业相比，创新型企业的显著特征就是高风险与高回报并存，创新型企业持续创新机遇决策将面临更多的不确定性因素，因此风险更高。企业创新机遇风险就是能获得高回报的风险，但给企业带来的损失也是巨大的。损失最小化并不意味着利润最大化，这里的损失最小指在合理的控制范围内，企业对不愿放弃或不愿转移的风险性机遇所带来预期利润最大的情况下，通过一系列的措施，降低其损失发生的概率，缩小损失发生的程度，保证企业持续创新的实现。当创新型企业持续创新机遇决策以损失最小为目标时，就应该制定有效的防范措施来规避风险。创新型企业持续创新机遇损失最小化可以通过损失预防和损失抑制，制定损失控制措施，以定量风险评价结果为依据，确保损失控制措施具有针对性，保障企业损失最小。因此，在企业家进行机遇决策时，对政策机遇、宏观环境机遇的准确把握将有利于解决资产损失问题。一般而言，损失规避对企业发展和创新带来负效应。因此，在以损失最小进行机遇对策决策时，要综合全面考虑企业优势与劣势，制定更有效的风险应对策略和损失控制措施。

(4)风险最小化。机遇与风险并存，创新型企业持续创新的过程面临着各类风险。在机遇决策过程中，由于决策者掌握的信息有限且对每个方案发生的概率不了解，因此机遇决策充满风险，包括：技术风险、财务风险、市场风险、道德风险、管理风险、估值风险、行业环境风险等。另外，企业家风险理念对创新型企业持续创新与发展产生重要影响，愿意承担高风险的企业有更强的创新意愿，有利于提高企业的竞争优势。由于创新机遇处处存在风险，风险无可避免，因此企业在加强风险防范的基础上，更需要加强风险管理，要直面风险，以科学合理的方法尽量降低机遇决策所带来的风险，选择一个有利于企业创新发展、风险相对较小的决策方案。目前，许多创新型企业经营业绩不稳定、创新市场不确定、投资者对高科技企业的过分热情，导致创新型企业创新意识淡漠，盲目追捧其他企业的发展模式。另外，行业相关法律法规、政策风险等都会影响创新型企业的经营和发展。因此，对创新型企业进行风险管理，完善相关制度，建立适合企业的风险预警体系尤为重要，较好的风险预警体系能够及时识别企业所处的风险等级，并根据风险情况采取相应的防范措施，从而规避或降低创新风险带来的损失，使企业得到持续健康发展。

(5)后悔值最小化。决策者在选定方案并组织实施后，如果遇到的自然状态表明采用另外的方案会取得更好的收益，企业在无形中遭受了创新机遇的损失，那么决策者将会为此而感到后悔。由于创新机遇对每个创新型企业都十分重要，如果企业能够抓住创新机遇，那就有可能领先于同行业竞争对手，从而获得较长时间的竞争优势，进行实现企业持续创新。然而，有利于企业持续创新的机遇稍纵即逝，如果企业在发展过程中没有抓住创新机遇，或者发现了创新机遇，但由于市场前景尚未明朗，决策者在犹豫中错失良机或做出了折中决策，那么企业发展将会变得很被动，届时，决策者会因没有采取较为大胆或更好地利用该创新机遇的决策方案而感到后悔。为避免此类情况的发生，决策者在进行创新机遇决策时，需要选择后悔值最小的决策方案。后悔值最小就是在决策者进行决策方案的选取时，力求选择一个后悔值尽量小的决策方案。根据这一原则，决策者在决策时首先应对每个决策方案进行分析，给出各个方案在自然状态下的后悔值(可以用该方案在某自然状态下的预期收益值与该自然状态下的可能带来的最大收益值相比较的差)，然后找出每一种方案的最大后悔值，并据此对不同方案进行比较，从中选择出最大后悔值最小的方案，作为机遇决策最终实施方案。

6.2.2　创新机遇决策对象

在模糊多属性决策问题中，属性值通过语言变量来表示评价值信息，通常是用模糊数值来表示，本章将这些语言变量转化为表 6.1 中的直觉模糊数。

表 6.1　语言变量转化为直觉模糊数

语言变量	直觉模糊数
非常差(EP)/非常低(EL)	(0.05，0.95，0.00)
很差(VP)/很低(VL)	(0.15，0.80，0.05)
差(P)/低(L)	(0.25，0.65，0.10)
中等(MP)/较低(ML)	(0.35，0.55，0.10)

续表

语言变量	直觉模糊数
一般(F)/中间(M)	(0.50，0.40，0.10)
良好(MG)/中等(MH)	(0.65，0.25，0.10)
好(G)/高(H)	(0.75，0.15，0.10)
很好(VG)/很高(VH)	(0.85，0.10，0.05)
非常好(EG)/非常高(EH)	(0.95，0.05，0.00)

对于某一个多属性群决策问题，设 $X=\{x_1,x_2,\cdots,x_m\}$ 为方案集，$D=\{d_1,d_2,\cdots,d_t\}$ 为决策者集，$C=\{c_1,c_2,\cdots,c_n\}$ 为属性集，属性权重信息 $w=\{w_1,w_2,\cdots,w_n\}^{\mathrm{T}}$ 和决策者的权重信息 $\lambda=\{\lambda_1,\lambda_2,\cdots,\lambda_t\}^{\mathrm{T}}$ 是完全未知的，但它满足：$w_j\geqslant 0, j=1,2,\cdots,n,\sum_{j=1}^{n}w_j=1;\ \lambda_k\geqslant 0,k=1,2,\cdots,t,\sum_{j=1}^{t}\lambda_k=1$。假设决策者 $d_k\left(k=1,2,\cdots,t\right)$ 给出方案 $x_i\left(i=1,2,\cdots,m\right)$ 在属性 $c_j\left(j=1,2,\cdots,n\right)$ 下的属性值为语言变量 $f_{ij}^{(k)}$，这些语言变量能够转化为表 6.1 中的直觉模糊数 $r_{ij}^{(k)}=\left(\mu_{ij}^{(k)},\nu_{ij}^{(k)},\pi_{ij}^{(k)}\right)$，那么，多属性群决策问题的决策矩阵表示如下：

$$\boldsymbol{R}^{(k)}=\left(r_{ij}^{(k)}\right)_{m\times n}=\begin{bmatrix} r_{11}^{(k)} & r_{12}^{(k)} & \cdots & r_{1n}^{(k)} \\ r_{21}^{(k)} & r_{22}^{(k)} & \cdots & r_{2n}^{(k)} \\ \vdots & \vdots & & \vdots \\ r_{m1}^{(k)} & r_{m2}^{(k)} & \cdots & r_{mn}^{(k)} \end{bmatrix}\quad (k=1,2,\cdots,t) \tag{6.1}$$

6.2.3 直觉模糊多属性群决策法

针对属性值为直觉模糊数且属性权重信息和决策者权重信息完全未知的多属性群决策问题，本章提出一种基于灰色关联分析的直觉模糊所属性决策方法，该方法的算法步骤如下：

1. 确定决策者的权重

用语言变量来考虑决策者的重要程度，这些语言变量能够转换为表 6.2 中的直觉模糊数。

表 6.2　决策者的重要性

语言变量	直觉模糊数
非常重要	(0.90，0.05，0.05)
重要	(0.75，0.20，0.05)
一般	(0.50，0.40，0.10)
不重要	(0.25，0.60，0.15)
非常不重要	(0.10，0.80，0.10)

设第 k 个决策者的重要性程度用直觉模糊数 $D_k=\left(\mu_k,\nu_k,\pi_k\right)$ 来表示，其权重可以用以下式子来计算：

$$\lambda_k=\frac{\mu_k+\pi_k\left(\dfrac{\mu_k}{\mu_k+\nu_k}\right)}{\sum_{k=1}^{t}\left(\mu_k+\pi_k\left(\dfrac{\mu_k}{\mu_k+\nu_k}\right)\right)} \tag{6.2}$$

这里，$\lambda_k\geqslant 0,k=1,2,\cdots,t;\sum_{k=1}^{t}\lambda_k=1$。

2. 构建集成的直觉模糊决策矩阵

设 $R^{(k)}=\left(r_{ij}^{(k)}\right)_{m\times n}$ 为第 k 个决策者的直觉模糊决策矩阵，$\lambda=\left\{\lambda_1,\lambda_2,\cdots,\lambda_t\right\}$ 为所有决策者的权重信息，且 $\lambda_k\geqslant 0,\sum_{k=1}^{t}\lambda_k=1$。在群决策过程中，所有的个体决策信息需要集成为群决策信息，从而构建集成的直觉模糊决策矩阵。为了达到这一目的，利用直觉模糊加权平均(intuitionistic fuzzy weighted arithmatic，IFWA)算子进行集成：

$$\begin{aligned}r_{ij}&=IFWA_{\lambda}\left(r_{ij}^{(1)},r_{ij}^{(2)},\cdots,r_{ij}^{(t)}\right)\\&=\lambda_1 r_{ij}^{(1)}\oplus\lambda_2 r_{ij}^{(2)}\oplus\cdots\oplus\lambda_t r_{ij}^{(t)}\\&=\left(1-\prod_{k=1}^{t}\left(1-\mu_{ij}^{(k)}\right)^{\lambda_k},\prod_{k=1}^{t}\left(\nu_{ij}^{(k)}\right)^{\lambda_k},\prod_{k=1}^{t}\left(1-\mu_{ij}^{(k)}\right)^{\lambda_k}-\prod_{k=1}^{t}\left(\nu_{ij}^{(k)}\right)^{\lambda_k}\right)\end{aligned} \tag{6.3}$$

集成后的直觉模糊决策矩阵如下：

$$\boldsymbol{R}=\begin{bmatrix} r_{11} & r_{12} & \cdots & r_{1n} \\ r_{21} & r_{22} & \cdots & r_{2n} \\ \vdots & \vdots & & \vdots \\ r_{m1} & r_{m2} & \cdots & r_{mn} \end{bmatrix} \tag{6.4}$$

其中，$r_{ij}=\left(\mu_{ij},\nu_{ij},\pi_{ij}\right)$；$\mu_{ij}=1-\prod_{k=1}^{t}\left(1-\mu_{ij}^{(k)}\right)^{\lambda_k}$；$\nu_{ij}=\prod_{k=1}^{t}\left(\nu_{ij}^{(k)}\right)^{\lambda_k}$；$\pi_{ij}=\prod_{k=1}^{t}\left(1-\mu_{ij}^{(k)}\right)^{\lambda_k}-\prod_{k=1}^{t}\left(\nu_{ij}^{(k)}\right)^{\lambda_k}; i=1,2,\cdots,m; j=1,2,\cdots,n$。

3. 求解属性的熵权

一般来说，所有属性的重要程度都是不一样的，为了得到属性的权重 w，先运用以下公式求解直觉模糊熵：

$$H_j=-\frac{1}{n\ln 2}\sum_{i=1}^{m}\left[\mu_{ij}\ln\mu_{ij}+\nu_{ij}\ln\nu_{ij}-\left(1-\pi_{ij}\right)\ln\left(1-\pi_{ij}\right)-\pi_{ij}\ln 2\right]$$

这里，如果 $\mu_{ij}=0,\nu_{ij}=0,\pi_{ij}=1$，那么 $\mu_{ij}\ln\mu_{ij}=0,\nu_{ij}\ln\nu_{ij}=0,\left(1-\pi_{ij}\right)\ln\left(1-\pi_{ij}\right)=0$。

第 j 个属性的熵权可以定义为

$$w_j=\frac{1-H_j}{n-\sum_{j=1}^{n}H_j} \tag{6.5}$$

其中，$w_j\geqslant 0, j=1,2,\cdots,n;\sum_{j=1}^{n}w_j=1$。

4. 确定参考数列

参考数列中的元素应由各备选方案属性值的最优解组成，在直觉模糊决策矩阵中，最大的数值 $\alpha^{+}=(1,0,0)$ 为各属性的参考值。这样，各备选方案的参考数列 r_0 表示如下：

$$r_0=\left(r_{0j}\right)_{1\times n}=\left[\alpha^{+},\alpha^{+},\cdots,\alpha^{+}\right] \tag{6.6}$$

5. 计算灰色关联系数

灰色关联系数用来度量 r_{ij} 与 r_{0j} 的接近程度，其数值越大，r_{ij} 与 r_{0j} 越接近，灰色关联系数的公式表示如下：

$$\xi_{ij}=\frac{\Delta_{\min}+\rho\Delta_{\max}}{\Delta_{ij}+\rho\Delta_{\max}}\quad(i=1,2,\cdots,m;j=1,2,\cdots,n)\tag{6.7}$$

其中，ξ_{ij} 表示 r_{ij} 与 r_{0j} 之间的灰色关联系数，$\Delta_{ij}=d\left(r_{ij},r_{0j}\right)$，$\Delta_{\min}=\min\left\{\Delta_{ij},i=1,2,\cdots,m;j=1,2,\cdots,n\right\}$，$\Delta_{\max}=\max\left\{\Delta_{ij},i=1,2,\cdots,m;j=1,2,\cdots,n\right\}$。$\rho$ 为分变系数，且 $\rho\in[0,1]$。分变系数越小，灰色关联系数就越大，一般情况下，取 ρ 值为 0.5。

6. 计算灰色关联度

灰色关联度的计算公式如下：

$$\gamma_i=\sum_{j=1}^{n}w_i\xi_{ij}\quad(i=1,2,\cdots,m)\tag{6.8}$$

7. 对决策方案进行排序并择优

根据灰色关联度 $\gamma_i\left(i=1,2,\cdots,m\right)$ 值的大小按降序对所有备选方案 $x_i\left(i=1,2,\cdots,m\right)$ 进行排序，γ_i 的值越大，则方案 x_i 就相对越优。

6.3　案例分析——云南铜业集团持续创新机遇决策分析

6.3.1　决策方案设计

根据云南铜业集团的发展现状，结合云南铜业集团持续创新机遇度量分析结果，构建出 4 个有助于云南铜业集团准确把握并利用创新机遇的机遇决策方案。云南铜业集团创新机遇决策方案如下：

方案 1：走绿色可持续发展道路，积极开展废料回收

云南铜业集团(以下简称“云铜集团”)积极响应国家政策，继续走绿色化可持续发展道路。在未来的发展中，应更加注重环境保护，使自己的产品更具绿色环保的特征。力求产品生产线能够做到绿色无污染。同时，企业应该大力开展废料回收项目，且将原料的重新利用和回收作为企业未来发展及努力的方向。大力开展有关原料回收再利用的项目研究，并与大学和科研院所合作，利用其科研能力快速突破废料回收利用的关键技术。此外，积极引进新技术、升级改造落后的生产线，实现原料的循环利用，以此来降低企业运营成本，发展循环经济。

方案 2：加强技术升级改造，提高企业管理效率

虽然云铜集团现有技术与国际先进水平尚有差距，但其技术在国内已处于领先地位。同时，引进国外先进技术不仅存在一定难度且需要大量资金，而目前云铜集团资金来源渠道较窄，存在一定的融资困难等问题。鉴于此，云铜集团应主要从以下两方面着手：一方面，加强技术创新和技术改造，尤其是核心工艺的技术突破。主要是云铜集团积极开展技术创新工作，且与高校和科研院所加强合作，以求实现生产技术的突破。另一方面，云铜集团应加强企业内部管理，进行组织流程再造，使企业管理更加高效，降低企业管理成本，提高企业运营效率。

方案 3：拓宽原料来源渠道，引进先进生产技术

由于铜资源的大量开采，造成我国市场上铜资源匮乏、供不应求，因此，云铜集团应一方面有效利用现有资源，并努力提升铜资源的资源利用率；另一方面应积极努力寻求其他的铜资源来源渠道。企业应积极寻求全球合作伙伴，与铜资源丰富的其他国家或地区开展合作，引进海外资源为我所用。同时，积极引进国外先进的生产技术，改造企业现有的较为落后的生产线以及设备，以提高本企业铜资源的利用效率，以此来增加企业市场竞争力。

方案 4：收缩产品经营范围，积极寻求企业转型

由于我国目前大力提倡绿色可持续发展道路，致使大量以铜为原料的企业面临大面积亏损的状态，艰难维持生存。所以，云铜集团必须认清现实及未来的发展方向，及时对自己的产品发展策略进行调整。主要包括以下两个方面：①收缩产品经营范围，以具有核心竞争力的主营业务为主。即云铜集团适时主动放弃一些污染大、投入回报较低的夕阳产品的生产，将主要精力和资源都集中到具有核心竞争力的某些主营产品之上。②积极寻求企业转型，积极涉足未来有发展潜力的行业或领域。正值国家大力倡导产业转型之际，云铜集团应适时进行产业转型，努力寻求新的发展道路。

6.3.2 数据搜集

本书采用问卷调查的方式进行数据收集。数据收集的流程如下：首先将云南铜业集团公司的基本现状做一个详细的介绍，然后依据创新机遇度量所得结果设计相应的机遇决策方案，请被调查者以利润最小化、成本最低化、损失最小化、风险最小化和后悔值最小化五个属性角度对机遇决策方案进行选择，然后利用直觉模糊多属性群决策方法对设计方案进行评价，最后从中选择出最满意的决策方案。问卷调查的过程如下：首先，邀请行业内的 5 位专家对企业机遇决策分析和战略决策的调研问卷进行打分。其次，邀请云南铜业集团企业内部的高层和中层管理人员进行问卷调研，调研对象为企业的主要领导者、管理部门、项目部门以及云南铜业集团企业的一些子公司或者分公司的管理者等。发放 45 份问卷，收回 36 份(其中高层管理人员 10 份，中层管理人员 26 份)。

其中，三种类型决策者 $d_k\left(k=1,2,3\right)$ 使用表 6.1 中的语言变量对决策方案 $x_i\left(i=1,2,3,4\right)$ 的各属性 $c_j\left(j=1,2,\cdots,5\right)$ 进行指标评价，所得决策矩阵 $F^{(k)}\left(f_{ij}^{(k)}\right)_{4\times5}\left(k=1,2,3\right)$ 如表 6.3 所示。

表 6.3 决策矩阵

	$F^{(1)}$					$F^{(2)}$					$F^{(3)}$				
	c_1	c_2	c_3	c_4	c_5	c_1	c_2	c_3	c_4	c_5	c_1	c_2	c_3	c_4	c_5
x_1	G	G	G	EG	VG	VG	MG	M	MG	VG	G	G	VG	EG	VG
x_2	M	G	G	MG	MG	M	G	VG	VG	G	M	MG	MP	M	M
x_3	M	MG	M	VG	VG	M	VG	MP	M	M	G	G	M	VG	MG
x_4	MG	M	VG	MG	M	G	MG	MG	M	G	VG	VG	VG	G	VG

6.3.3 创新型企业持续创新机遇决策分析

根据前文提出的机遇决策分析方法选择满意的机遇方案，具体步骤如下：

1. 构建每个决策者的直觉模糊决策矩阵

由表 6.1 将表 6.3 中的语言变量转换为直觉模糊数，那么，每个决策者的直觉模糊决策矩阵 $R^{(k)}$ 可表示如下：

$$\boldsymbol{R}^{(1)}=\begin{bmatrix}(0.75,0.15,0.10) & (0.75,0.15,0.10) & (0.75,0.15,0.10) & (0.95,0.05,0.00) & (0.85,0.10,0.05)\\(0.50,0.40,0.10) & (0.75,0.15,0.10) & (0.75,0.15,0.10) & (0.65,0.25,0.10) & (0.65,0.25,0.10)\\(0.50,0.40,0.10) & (0.65,0.25,0.10) & (0.50,0.40,0.10) & (0.85,0.10,0.05) & (0.85,0.10,0.05)\\(0.65,0.25,0.10) & (0.50,0.40,0.10) & (0.85,0.10,0.05) & (0.65,0.25,0.10) & (0.50,0.40,0.10)\end{bmatrix}$$

$$\boldsymbol{R}^{(2)}=\begin{bmatrix}(0.85,0.10,0.05) & (0.65,0.25,0.10) & (0.50,0.40,0.10) & (0.65,0.25,0.10) & (0.85,0.10,0.05)\\(0.50,0.40,0.10) & (0.75,0.15,0.10) & (0.85,0.10,0.05) & (0.85,0.10,0.05) & (0.75,0.15,0.10)\\(0.50,0.40,0.10) & (0.85,0.10,0.05) & (0.35,0.55,0.10) & (0.50,0.40,0.10) & (0.50,0.40,0.10)\\(0.75,0.15,0.10) & (0.65,0.25,0.10) & (0.65,0.25,0.10) & (0.50,0.40,0.10) & (0.75,0.15,0.10)\end{bmatrix}$$

$$\boldsymbol{R}^{(3)}=\begin{bmatrix}(0.75,0.15,0.10) & (0.75,0.15,0.10) & (0.85,0.10,0.05) & (0.95,0.05,0.00) & (0.85,0.10,0.05)\\(0.50,0.40,0.10) & (0.65,0.25,0.10) & (0.35,0.55,0.10) & (0.50,0.40,0.10) & (0.50,0.40,0.10)\\(0.75,0.15,0.10) & (0.75,0.15,0.10) & (0.50,0.40,0.10) & (0.85,0.10,0.05) & (0.65,0.25,0.10)\\(0.85,0.10,0.05) & (0.85,0.10,0.05) & (0.85,0.10,0.05) & (0.75,0.15,0.10) & (0.85,0.10,0.05)\end{bmatrix}$$

2. 确定决策者的权重

决策者的重要程度见表 6.4。

表 6.4 决策者的重要程度

	语言变量
d_1	very importance
d_2	importance
d_3	no importance

将决策者的语言变量表 6.2 转化为直觉模糊数，为获得各决策者的权重信息 $\lambda_k\left(k=1,2,3\right)$，利用公式(6.2)计算如下：

$$\lambda_1=\frac{0.90+0.05\left(\dfrac{0.90}{0.90+0.05}\right)}{\left(0.90+0.05\left(\dfrac{0.90}{0.90+0.05}\right)\right)+\left(0.75+0.05\left(\dfrac{0.75}{0.75+0.20}\right)\right)+\left(0.75+0.05\left(\dfrac{0.75}{0.75+0.20}\right)\right)}$$
$$=0.3750$$

同理可得：

$$\lambda_2=0.3125,\lambda_3=0.3125$$

3. 基于决策者信息构建集结直觉模糊决策矩阵

利用公式(6.3)，将各决策者的直觉模糊决策矩阵 $\boldsymbol{R}^{(k)}\left(k=1,2,3\right)$ 集结成一个复杂的直觉模糊决策矩阵 $\boldsymbol{R}$：

$$\boldsymbol{R}=\begin{bmatrix}(0.79,0.13,0.08) & (0.72,0.18,0.10) & (0.74,0.18,0.08) & (0.91,0.06,0.03) & (0.85,0.10,0.05)\\(0.50,0.40,0.10) & (0.72,0.18,0.10) & (0.71,0.20,0.08) & (0.70,0.22,0.08) & (0.65,0.25,0.10)\\(0.60,0.30,0.10) & (0.76,0.16,0.08) & (0.46,0.44,0.10) & (0.78,0.15,0.07) & (0.72,0.20,0.08)\\(0.76,0.16,0.08) & (0.69,0.22,0.08) & (0.80,0.13,0.07) & (0.65,0.25,0.10) & (0.72,0.19,0.08)\end{bmatrix}$$

4. 计算属性的熵权

利用公式(6.4)，计算直觉模糊熵 $H_j\ (j=1,2,\cdots,5)$：

$$H_1=0.6463, H_2=0.5994, H_3=0.6261, H_4=0.5393, H_5=0.5851$$

再利用公式(6.5)，计算属性的熵权 $w_j\ (j=1,2,\cdots,5)$：

$$w_1=0.1765, w_2=0.1999, w_3=0.1866, w_4=0.2299, w_5=0.2070$$

5. 确定参考数列

参考数列应该为属性值的最优值，这里取其为

$$R_0=\left(r_{0j}\right)_{1\times5}=\left[\left(\mu_{0j},\nu_{0j},\pi_{0j}\right)\right]_{1\times5}=\left[(1,0,0),(1,0,0),\cdots,(1,0,0)\right]$$

6. 计算灰色管理系数

首先，利用公式(6.6)，计算 r_{ij} 与 r_{0j} 之间的距离 Δ_{ij}。其中，$i=1,2,3,4$；$j=1,2,\cdots,5$。然后，找出最大值 $\Delta_{\max}$ 和最小值 $\Delta_{\min}$，具体结果见表 6.5。

表 6.5 r_{ij} 与 r_{0j} 之间的距离及其最大值与最小值

	c_1	c_2	c_3	c_4	c_5	$\min\Delta_{ij}$	$\max\Delta_{ij}$
Δ_{1j}	0.21	0.28	0.26	0.09	0.15	0.09	0.28
Δ_{2j}	0.50	0.28	0.29	0.30	0.35	0.28	0.50
Δ_{3j}	0.40	0.24	0.54	0.22	0.28	0.20	0.54
Δ_{4j}	0.24	0.31	0.20	0.35	0.28	0.20	0.35
$\Delta_{\min}$						0.09	
$\Delta_{\max}$							0.54

然后，根据公式(6.7)，求灰色关联系数 Ξ 为

$$\Xi=\left(\xi_{ij}\right)_{4\times5}=\begin{bmatrix}0.7500 & 0.6545 & 0.6792 & 1.0000 & 0.8571\\0.4675 & 0.6545 & 0.6429 & 0.6316 & 0.5806\\0.5373 & 0.7059 & 0.4444 & 0.7347 & 0.6545\\0.7059 & 0.6207 & 0.7660 & 0.5806 & 0.6545\end{bmatrix}$$

7. 计算灰色关联度

根据公式(6.8)，计算灰色关联度$\gamma_i\left(i=1,2,3,4\right)$：

$$\gamma_1=0.7974,\gamma_2=0.5988,\gamma_3=0.6233,\gamma_4=0.6606$$

8. 决策方案排序

由于

$$\gamma_1>\gamma_4>\gamma_3>\gamma_2$$

可知决策者选择 4 个决策方案$x_i\left(i=1,2,3,4\right)$的优先顺序为

$$x_1>x_4>x_3>x_2$$

故决策者将会选择方案x_1作为满意的决策方案。

6.3.4　决策结果分析

本书以云南铜业集团的发展现状及所面临的问题为基础，结合云南铜业集团持续创新机遇度量分析结果，以直觉模糊多属性决策方法，从利润最大、成本最小、损失最小、分析最小和后悔值最小五个属性，对所构建出的 4 个机遇决策方案进行评价，最后得出机遇决策方案 1 是最适合云铜集团所采用的机遇决策方案，也是云铜集团管理者最满意的决策方案。

今后云南铜业集团的发展战略主要是积极响应国家政策，继续走绿色化可持续发展道路，具体战术是积极开展废料回收再利用工程，综合回收多种有色金属，发展循环经济。在以后的企业产品发展中，应更加注重环境保护，使自己的产品更具绿色环保的特征，力求产品生产线做到绿色无污染。同时，云铜

集团应积极与大学和科研院所合作，利用其科研能力快速突破废料回收利用的关键技术，提升企业核心竞争力。

此外，云铜集团积极引进新技术，升级改造落后的生产线，实现各种有色金属废料的循环利用，以此来降低企业运营成本，有效利用现有的有限资源，使其发挥出更大价值。同时，云铜集团还需加强企业内部管理，引进先进的企业管理理论，加强企业员工技术培训以及企业管理层的管理培训，积极探索组织发展结构，进行组织流程再造，使企业管理更加高效，降低企业管理成本，提高企业运营效率，进而提高企业竞争优势。

6.4 本章小结

本章针对属性权重和决策者权重均完全未知、属性值为直觉模糊数的多属性群决策问题，提出了一种基于灰色关联分析的直觉模糊多属性决策分析方法。该方法详细讨论了其实现的原理和步骤：首先利用相关公式确定决策者的权重；接着利用直觉模糊加权平均（intuitionistic fuzzy weighted average，IFWA）算子对各决策者个体的评价值进行集成，以获取所有决策者的综合评价值；其次，利用直觉模糊熵确定属性的熵权；再次，依据灰色关联分析方法的基本思想对整个方案集进行排序并且择优；最后，通过对创新型企业创新机遇决策方案的选择，验证直觉模糊多属性决策方法的可行性。由于灰色关联分析与直觉模糊集相结合的方法能够充分地考虑决策者的模糊信息，用于处理多属性决策问题具有极大的成功机会。因此，该方法为处理不确定性的多属性决策问题提供了一种新的解决思路。

第7章　创新型企业持续创新机遇决策影响要素的实证分析

前面章节分析并构建了创新型企业持续创新机遇识别、评价及决策模型，根据创新型企业持续创新机遇决策过程及模式，创新机遇决策过程还包括决策方案的实施，而决策方案实施的主体是企业家。企业家做出合理的机遇决策方案非常重要，但更为重要的是企业家如何实施机遇决策方案，企业家在机遇决策方案实施过程中需要关注哪些要素，从而保障创新机遇决策方案更有效地执行，因而有必要研究创新型企业持续创新机遇决策的影响要素，分析企业家机遇决策实施过程中的重要影响因素，从而更好地做好创新机遇决策。

7.1　问题的提出

十九大报告指出“创新是引领发展的第一动力，是建设现代化经济体系的战略支撑”。党的十八大也明确强调要坚持走中国特色自主创新道路、实施创新驱动的发展战略。实施创新驱动发展战略，在2020年实现创新型国家的战略目标，核心在于培育自主创新主体，提高企业自主创新能力，积极培育创新型企业。创新型企业是依靠创新驱动发展的企业，其核心价值观和理念是实施持续创新战略，并获取效益持续增长和可持续发展。在创新型企业持续创新的过程中，创新能力是持续创新的重要驱动力，而企业家能够“精细”或“敏锐和精力充沛”地抓住眼前的机会是衡量创新能力的关键要素。此外，向刚等

(2004)指出持续创新机遇是除持续创新动力、能力以外促进企业持续创新的重要因素，其对企业家创新机遇决策水平提升起着重大的促进和支撑作用。Bessant等(2011)强调面对不断变化的内外部环境，企业家有必要通过有目的、有组织、系统地寻找分析机会，以实现持续发展，而绝不是被动地等待机会。因而，创新型企业持续创新实现的核心在于企业家具备较强的识别和捕捉创新机遇的能力，同时对识别出的创新机遇进行决策。因而，企业家在实施持续创新战略的过程中，其创新机遇的识别和决策能力对于创新型企业保持创新优势、实现持续创新发展具有重大的助推作用。然而，随着市场环境的剧烈变化以及国家产业政策的调整，我国出现了一批创新型企业倒闭的浪潮。面对同样的创新机遇，为什么有的企业能够准确识别及把握，有的企业无动于衷或者在漫长的观望等待中错失良机？企业家该如何捕捉创新机遇？企业家创新机遇决策能力如何？其创新机遇决策受哪些因素的影响？这些都是亟须深入研究的问题。

关于企业家创新机遇决策的影响要素研究，当前文献主要从正式制度安排的视角展开。正式制度安排指由个人或群体设计出来的规则，其变动和修改都需得到制度安排管束群体或个人的准许，包括经济制度、产权制度、企业家管理制度、研发制度、激励制度等。North(1982)认为，发展中国家的经济发展不甚理想，关键在于并没有很好考虑制度因素，忽视了企业甚至国家经济发展中制度的重要作用。王大洲(2000)指出，有效的制度安排不仅能够生成优秀的企业家，还能够持续地生成技术创新。然而，与正式制度相对应的非正式制度对企业家创新机遇决策产生显著影响，也有部分学者对此进行了研究。North(1994)提出，在人类行为的约束体系中，非正式制度具有十分重要的地位，即使在最发达的经济体系中，正式制度也只是决定行为选择的总体约束中的一小部分，人们行为选择的大部分行为空间是由非正式制度来约束的。梁强等(2011)指出，在正式制度不能有效促进创新的前提下，非正式制度成为企业应对正式制度的一种战略反应。全球创业观察项目(global entrepreneurship monitor，GEM)报告指出，企业在以非正式关系为特点的政治市场中面临更为激烈的竞争，相应也能获得更高额的利润，非正式制度在降低不确定性，提供行为指导、塑造管理者和企业的合法性方面发挥着更重要的作用。Hsee 等(2003)指出，非正式制度往往都是个体在意识层面及精神领域产生的影响，从而带动创新。在法律维系成本较高的环境下，包含非正式制度中的社会网络、社会关系等要素，不仅是发现机遇时获取关键资源的一个重要途径，也是企业降低风险获得持续创新的重要方式。

基于以上分析可知，非正式制度影响企业家创新机遇决策的研究也逐渐得到学界的重视，非正式制度由于其非规范性、文化性、精神层面等特征，在很多情况下更显著地影响企业家创新机遇决策，因而有必要对非正式制度影响企业家创新机遇决策机理进行深入研究。另外，企业家对风险的认知和态度，即风险感知也影响创新机遇决策。机遇和风险是对立统一体，企业家做出机遇决策必然伴随风险的产生，如果企业家对风险感知过于敏感，不能很好地把控风险的预测和管理能力，那么企业家创新机遇决策就会受到负面影响，同时，企业家风险感知也一定程度影响非正式制度。因而，研究非正式制度影响企业家创新机遇决策时，有必要把风险感知作为重要变量进行研究。基于此，本书从非正式制度分类入手，研究非正式制度影响企业家创新机遇决策，同时以风险感知作为中介变量，研究风险感知对创新机遇决策及非正式制度的影响。

7.2 研究假设

7.2.1 非正式制度概念及分类

非正式制度是一个相对宽泛的概念，包括价值观念、文化习俗、道德伦理、意识形态等，是隐含在人们的经济、社会生活中，通过社会网络和文化传递形成的非正式约束规则。在新制度经济理论中， North(1982)认为，非正式制度的所有要素都源自价值的文化遗传，这些文化遗传被看作是一种非正式的社会规范，约束着经济活动主体的行为原则，在某种条件下有利于减少制度创新成本，推动企业创新发展。从区域文化的差异性出发， Wirth 等(2013)将非正式制度分为个人专业识别、创新精神、文化和规范偏好。在社会学领域中，非正式制度又被认为是“价值体系”“社会合约”“社会资本”“社会关系”等属于对人的行为不成文的约束性规则，这些约束性规则归纳起来构成的非正式社会网络，又同时作用于人们经济、社会生活中。

非正式制度与正式制度相比具有复杂性、不确定性的特征，这决定了非正式制度概念的宽泛性。不同的非正式制度对于不同领域、不同性格的个体和群体，以及接受不同价值观念的个体具有不同的约束力。根据这一特性，本书把其范围界定为对企业影响相对较大的非正式制度，并把其划分为企业文化、企业家精神、社会网络三类，划分的主要原因如下：首先，非正式制度在本质上是一种价值观念体系，这种价值体系随着一个社会群体的出现将转变成群体意识形态，最终成为约束和激励群体个人的机制。其次，企业文化被大部分学者界定为企业的价值观，是企业在长期经营过程中建立起来的全体员工所共有的价值观念、行为规范、道德规范。美国学者威廉·大内(2007)认为企业文化由风气和传统构成。企业家精神可以被认为包括创造性、独特性、适应性、冒险性、敬业执着、特定价值偏好等要素，是从事管理活动的，在以剧烈、变化为特征的市场竞争环境中和优胜劣汰的巨大压力下形成的价值观念和思维方式。它们两者都能对企业中非正式制度的价值观念、意识形态做出更好的诠释。社会网络包含其拥有所能获得的资源范围，且能够从社会资源角度更好地解释非正式制度。另外，包佳妮等(2017)认为对企业家具有规范和示范作用的非正式制度是由社会网络和文化价值组成的。可见企业文化、企业家精神、社会网络都属于企业范畴的非正式制度，而且这三个要素都与企业创新息息相关。因此，本研究主要从企业家精神、企业文化及社会网络的视角，分析非正式制度、风险感知对企业家创新机遇决策的重要影响作用。

7.2.2 非正式制度与创新机遇决策

机遇决策作为机遇管理中的重要一环，它是创新型企业机遇识别与评价的最终落脚点，其地位毋庸置疑。对于一般类型的决策来说，其诱因往往是"问题"，而机遇决策的诱因是"有利事件"，其机遇决策的目的是利用目前的市场环境发现机会以便促进组织持续发展，从而更好地控制风险为组织、决策者带来超常收益。因此，企业家要实现持续创新目标，关键在于把握影响机遇决策的因素。目前的研究主要从决策过程及影响要素两个方面分析持续创新机遇决策。关于机遇决策过程的研究，Lindsay 等(2002)创建了机遇形成过程模型，并将机遇形成过程分为机遇搜寻、机遇识别及机遇评价三个阶段。机遇搜寻作为机遇决策过程的初始阶段，是企业持续稳定发展的基础。Hsieh 等(2007)认为随着机遇管理环境复杂性的增加，企业家通过理论化的认知搜寻，即"启发式"搜寻能更有效地创造价值。Patzelt 等(2011)参考企业家行为和可持续发展的相关文献，构建了企业可持续发展的机遇识别模型，将企业家对不确定性环境认知作为调节效应探讨了企业家知识和经济动机对机遇识别的影响。虽然机遇识别在机遇决策中必不可少，但它不能作为企业家行为决策的充分条件，企业家需要对机遇进行评估，才能做出是否采取行动的决定。因此， Wood 等(2014)基于以机遇创新性、资源优化配置程度和企业家行为后果的严重性三个原则为基础的理论模型对企业家如何评估机会做出判断。对于机遇决策影响因素的研究，Ardichvili 等(2003)、Alvarez 等(2007)、Bulter 等(2010)、Takac 等(2011)、陈东华等(2013)、陆瑶等(2014)认为企业家的人格特质、认知因素，风险倾向，以及宗教、企业文化、老乡关系和社会网络等是影响企业创新机遇决策的主要因素。基于企业家机遇决策充满不确定、主观性等特征，且决策行为受到非正式制度各因素的影响，本书剔除以往机遇决策研究的决策者完全理性的假定，提出以下假设：

H1：非正式制度对创新机遇决策具有正向影响。

(1)企业家精神与创新机遇决策。据中国企业家系统调查显示，企业经营者普遍认同创新是企业家精神的重要特征。就组织层面而言，Huijbens 等(2008)认为企业家精神是一种组织创新，这种创新精神在社会、文化和经济环境中发生，并依赖于组织、文化和社会结构而存在。就个体层面而言，Eckhardt 等(2003)、Wu 等(2015)认为企业家精神属于个体意识形态范畴，其表现出的创新积极性，也即企业家的创新意识，能够促使决策者积极探索企业创新发展中可能存在的创新机遇，并积极搜寻有关创新机遇的相关信息，最终提升机遇决策水平。从本质上来说，企业家精神代表了管理者个人对创新的态度，这种态度直接影响管理者的机遇决策行为。因此，企业家精神不仅是企业家创业创新的精神资源，还是企业可持续发展的动力源泉，具备企业家精神的企业家能进一步促进其在市场环境中积极寻找可能存在的潜在创新机遇。基于上述分析，提出如下假设：

H1a：企业家精神对创新机遇决策水平具有显著正向影响。

(2)企业文化与创新机遇决策。特雷斯·E.迪尔等(1989)认为杰出而成功的企业都有强有力的企业文化。文化既是一个群体的一种状态或一种财产，也是一种在群体成员中不断重演的过程。Denison 等(2004)认为企业文化是在管理实践过程中，为了整合内部成员关系和适应外部环境，影响全体员工态度和行为的共同意识价值观念、职业道德、行为规范和准则。Turró等(2014)以制度经济学理论为框架，对 62 个国家的企业数据分析发现，企业文化和媒体曝光作为非正式因素在开发新业务、获得融资数量等正式因素和企业创新发展之间的调节作用，说明文化影响着企业的创新发展，决定了企业创新绩效。Dimitratos 等(2016)认为不同社会背景下的企业文化影响企业创新决策，也影响企业家对竞争环境的感知和机遇的发现。所以企业处在什么样的文化环境中，对他们采取什么样的创新举措起着潜移默化的影响。另外，良好的企业文化也是发现、识别机遇的关键，而机遇决策是机遇的发现与识别、价值评价和决策方案设计的过程。因此，识别影响企业机遇决策过程的文化因素，可以揭示企业创新行为和企业家心理背后根源性的文化基础，有助于完善创新型企业创新活动的内部结构和外部软环境研究。基于此，本书提出如下假设：

H1b：良好的企业文化对创新机遇决策水平有显著影响。

(3)社会网络与创新机遇决策。社会网络对个体来说既是一种“社会支持”，又是一种“社会约束”，它是除正式关系外的非正式关系。此外， Wasserman 等(2016)认为社会网络也是一种社会关系体系，它被视为一群人之间的关系结构及他们之间所存在的特定关系。对企业家来说，社会网络可以替代内部组织帮助其进行决策(Mcgrath et al.，2006；Huovinen et al.，2010；Upson et al.，2017)。与大型或者成熟组织的情况不同，企业家往往得不到更大、更发达的内部组织结构和资源来提供决策所需的信息，而社会网络可以提供解决问题和利用机会所需的知识和经验来填补组织支助差距。因而，企业机遇决策不仅基于企业家视角，还要从社会网络成员的视角进行研究。企业家在机遇决策时，往往从自己的认知结构中搜索相关信息、知识和经验，若感觉信息不足或还不能对决策问题进行“满意”判断，就会通过企业家网络联结向其他个人、相关专家等获取决策所需信息、知识，以减少组织所依赖的外部资源的不确定性，保证企业所需核心资源的供给，使企业家可以更快更全面地做出战略决策并最终提升企业绩效。另外，企业家社会网络可帮助企业更好地获取战略信息和战略机会，有助于企业家树立决策威信和说服力。基于此，提出如下假设：

H1c：企业家通过社会网络获取有价值的资源对创新机遇决策水平有显著

正向影响。

7.2.3 非正式制度与风险感知

Slovic 等(2006)认为，风险是一种心理学概念，是个体建立在感知基础上的主观判断，个体又可能会受到一系列自身心理的、社会网络的、制度的以及文化因素的影响。因此，本书认为非正式制度中的企业家精神、企业文化、社会网络与风险感知之间必然存在某种联系。同时，他们还指出心理测量范式所体现的最重要的信息是公众和专家在现实生活中所表现出的不同风险态度和风险感知，通过将风险的描述性特征进行主成分因子分析综合为两个高度相关的维度：一个是风险所引起的恐慌后果的程度，另一个是风险的已知和把控程度。研究得出，相对于公众而言，企业家能够更好地把控风险，从而在进行决策时产生的恐惧因素较低，即所感知到的风险较低，也就意味着其所感知到的效益较高。此外，Slovic 等(2010)还指出恐慌是风险感知的主要因素，人们对降低风险的需求远高于单纯对风险感知进行评价，那么对风险感知的解释需要与更广泛的风险判断概念区分开来。现有研究显示，风险感知作为一种社会文化结构将一直扎根于基本的认知心理学中，其作用于对风险发生概率和后果严重性的主观评价。

对于非正式制度与风险感知的研究， Rundmo 等(2017)结合已有研究，将企业家精神看作企业的根基，通过组织文化、调动公司的所有并与其他企业建立商业关系来获得组织领域，市场产品、关系和资源的支持，能够更好地规避风险，以达到降低市场不确定性的目的。Douglas 等(1982)从文化理论角度提出，人们的风险感知和所处的文化、社会背景有紧密的联系，其结果表明具有良好的创新精神的企业文化能够促使管理者感知的风险较低。Shane 等(2000)、苏敬勤等(2013)认为社会网络的存在给决策者提供了更多的信息，使得决策者过度自信，而影响决策者个人主观意识评价，最终导致决策者风险感知偏低。具体而言，决策者通过独特的社会网络资源做出不同于他人的判断，能够在创新过程中实现其对结果或不确定因素的有效控制，以减少决策选择的恐慌，从而决策者感知的风险就会降低，所以社会网络关系的广泛性会降低企业家风险感知的影响。综合所述，提出假设：

H2：良好的非正式制度能够促进企业家更好地把控风险，以避免风险所带来的恐慌后果，对风险感知具有负向影响。

H2a：非正式制度中的企业家精神与风险感知负相关。

H2b：非正式制度中的企业文化与风险感知负相关。

H3c：非正式制度中的社会网络与风险感知负相关。

7.2.4　风险感知与创新机遇决策

企业家对积极结果的感知离不开对风险的认识和机遇的把握，那么，机遇和风险的共存性必然使企业家决策受到风险感知的影响。在此基础上，Forlani 等(2000)研究证实了当企业家感知的创新风险较低时，能够提高企业开发机会的可能性。张茉楠等(2005)指出企业家从创新机遇的价值以及伴随风险性感知出发，通过自身的认知和判断有利于对企业机遇的利用或放弃做出创新决策。苏敬勤等(2012)研究发现，较高的管理创新能力是管理者采取冒险行为感知到风险较弱的结果，相反地，高风险感知会促使管理者放弃创新管理实践。换言之，企业在创新机遇实践方面缺乏参考标准以及机遇决策本身受各种不确定因素的影响，使得企业家很难做出客观科学的评估，导致机遇决策在很大程度上依赖于企业家对风险感知的直接简单判断。如果机遇带来的预期收益较大，且企业家对该机遇的风险感知较小或在其风险承受范围之内，则企业家就会把握该机遇，做出创新决策；反之，企业家将会放弃该机遇。由此可知，风险感知在企业进行创新机遇方案决策时起着重要的作用，企业家之所以采取冒险行为是由于他们感知到的风险较弱，有能力对风险进行管控。基于此，本书提出如下假设：

H3：企业家风险感知与企业创新机遇决策水平负相关。

7.2.5 非正式制度、风险感知和创新机遇决策

由资本市场、法律、规则、治理机制以及国家文化等主导的制度在特定的环境中影响企业创业活动水平、新兴经济体的风险战略、风险资本家的决策政策等，而在非特定环境即不确定环境下的人类行为活动更多受非正式制度的作用，因而企业家实现持续创新离不开非正式制度的制约。Sadovykh 等(2015)认为非正式制度中企业家精神具有的有创意、有胆识、敢投资、担风险四个特征，说明企业家进行创新机遇决策时既要敢于冒险，又要足够谨慎；既敢于挑战未知，又要理性分析各种机会与威胁；既要有瞬间的灵光一现，又要有持续的警觉性。企业家之所以敢于冒险是因为他们感知到的风险较低，他们认为适当的冒险会减少机会成本，带来可观的收益。另外，受不同文化影响的企业家风险感知会呈现出较大的差异性，这些差异性将产生许多不确定因素，而这些因素的相互作用又对企业创新机遇决策产生重要的影响。张红娟等(2014)认为企业社会网络提供了降低环境不确定性的有效途径，使企业具有灵活性和战略优势，而这些战略信息和战略机会将有利于创新型企业进行机遇决策，提高机遇决策水平。基于此，风险感知作为重要的非正式制度中各因素共有的个体特征，在机遇决策中起着关键的中介作用，由此本书提出如下假设：

H4: 风险感知在非正式制度和创新机遇决策之间起到中介作用。

H4a: 企业家精神可通过对风险感知的负向影响提高企业家创新机遇决策水平。

H4b: 企业文化可通过对风险感知的负向影响提高企业家创新机遇决策水平。

H4c: 社会网络可通过对风险感知的负向影响提高企业家创新机遇决策水平。

通过以上理论分析与假设，本研究提出影响企业创新机遇决策的模型，如图 7.1 所示。

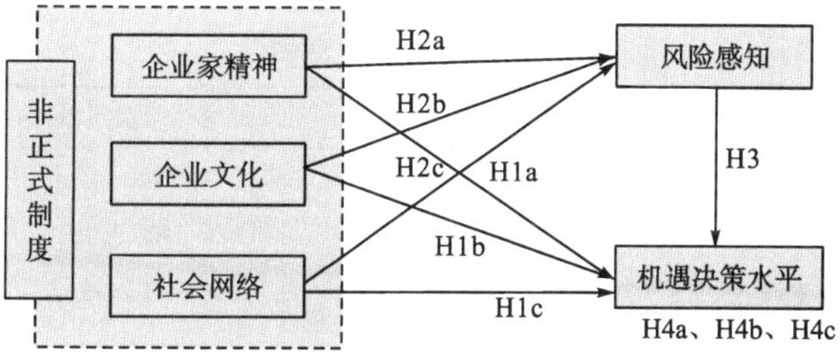

图 7.1　研究模型

7.3　研 究 方 法

7.3.1　数据搜集

本书主要通过问卷调研方式进行数据收集，研究团队根据需要选取我国部分地区的创新型企业作为研究对象，并向其发放调研问卷。问卷中除各项基本信息外，各量表测度借鉴 Likert7 级量表对所设计的变量进行赋值。为确保问卷信息的可靠性与准确性，根据预调研反馈的结果修正了问卷测量题项，对本次调研所得到的数据采用多元回归分析方法和结构方程模型验证各变量间的关系。本书主要通过 SPSS20.0 软件对变量进行信度检验、描述性统计和相关性分析，通过 AMOS 软件进行验证性因子分析和风险感知变量的中介效应检验。

本次调研问卷的填写尽量要求是对该领域比较熟悉的高层管理或企业家来填写。问卷调查表的信息采集主要采用函寄、访谈、Email 等方式。一是通过学院提供的校友录，向校友所在企业发放问卷；二是为高效利用资源、节约费用，对本校 EMBA 和 MBA 学员发放问卷；三是对云南省创新型企业进行实地调研、访谈并进行问卷调查。其中共发放 468 份问卷，收回 349 份，回收率为 74.6%，经整理最终获得有效问卷 274 份，样本基本信息分布情况见表 7.1。

表 7.1 样本基本信息情况

分类指标		人数	比例	分类指标		人数	比例
性别	男	159	58.0%		博士及以上	35	12.8%
	女	115	42.0%	企业规模	100 人以下	45	16.4%
年龄	23 岁以下	31	11.3%		101～500 人	88	32.4%
	24~33 岁	64	23.4%		501～1000 人	79	28.8%
	34~43 岁	89	32.5%		1000 人以上	62	22.6%
	44~53 岁	56	20.4%	所属行业	高科技企业	149	54.4%
	54 岁以上	34	12.4%		非高科技企业	125	45.6 %
教育程度（学历）	高中、中专以下	43	15.6%	成立时间	1～5 年	53	19.3%
	大专	61	22.3%		6～10 年	78	28.5%
	本科	89	32.5%		11～15 年	82	29.9%
	硕士	46	16.8%		15 年及以上	61	22.3%

7.3.2 变量测度

本研究尽量采用现有文献中比较成熟的量表，由于现有研究还处于探索阶段，其中部分量表是借鉴相关量表开发而来（具体量表题项见后文中表 7.2），并结合问卷前测反馈意见进行调整完善，以确保问卷的信度与效度。

(1) 被解释变量。本书的被解释变量是创新机遇决策水平。企业持续创新的目的在于能够获得持续创新优势，而企业家孜孜不倦地进行创新机遇的搜寻和利用，就是为了在现有的不确定性环境中能够获得创新机遇背后所蕴含的超常规收益或超常规的发展速度，或在实现既定目标的过程中，获得成本费用的显著节约。因此，结合前面的理论假设和张英彦（2005）的管理者决策量表，本书主要通过企业员工、管理者普遍对此次决策的评价和事后的决策反馈结果设计 7 个题项，定性地对企业机遇决策水平进行度量。

(2)解释变量。企业家精神的度量主要借鉴 Zahra(1996)的成熟量表和中国企业家调查系统，从企业家的“创新意识、机敏性和冒险精神”等方面设计 5 个题项来对其进行测量，该项主要由高管团队成员来对公司企业家进行评价，具有一定的公正性。企业文化参考 Quinn 等(1983)、Fey 等(2003)的文化度量问卷，根据企业文化的“灵活性、稳定性、关注内部和外部程度”4 个维度用 5 个题项对其进行测度。社会网络主要借鉴耿新等(2010)、潘松挺等(2011)的研究成果，从网络规模、网络异质性、关系强度和结构洞 4 个角度，用 5 个题项来对企业家社会网络进行度量。

(3)中介变量。风险感知主要通过 Sullivan-Wiley 等(2017)对其影响的“危险特征”“个体特征”“沟通机构的信任度”三个要素的具体分析，借鉴 Simon 等(2000)在创业研究领域对创业风险感知测量采取情景模拟设置量表的方法，情景设置，将企业通过机遇决策行为引进的某项业务流程再造或创新，以“风险较高、失败的可能性较大、可能带来的经济损失较大”等题项来进行测度。

(4)控制变量。为了建立稳定的假设关系，本书结合前人的相关研究成果，借鉴苏敬勤等(2011)基于 Atlas.ti 的编码和词频统计结果对管理创新决策的企业家层面变量的选取结果，筛选了企业家的年龄、学历、企业规模、所属行业等因素作为控制变量。究其原因，主要是企业家的性别、学历等控制因素将影响企业家的认知判断，进而影响决策。因此，为了准确考察企业家机遇决策影响因素，需要将这些控制变量考虑在内。

7.4 实证分析

7.4.1 信度与效度分析

1. 信度检验

本书通过项目分析和因子分析对模型的信度和效度进行检验，如表 7.2、表 7.3 所示。该研究采用 Cronbach's α 值和 CITC 值系数作为问卷的信度评判标准，分别对企业家精神、企业文化、社会网络等问项进行内部一致性检验。表 7.2 结果显示企业文化各维度的 Cronbach's α 系数最小值为 0.778，均超过了 0.7 的标准。各测量问项中 CITC 的最小值为 0.525，均超过了建议的首选值 0.5，说明变量具有较高的信度。此外，该研究还通过用因子分析法和 AVE 来检验量表的结构效度和收敛效度。由 Hair 等(2010)指出，各变量的因子载荷大于 0.5 就表示该变量非常显著。表 7.2 中，所有题项的标准化因子载荷值均介于 0.699～0.904，表明该量表具有很好的结构效度。本书为了测知受试者填答的效度，减少共同方法偏差，设置了风险感知变量的反向题项，通过反向计分，测试的所有变量 AVE 值都高于推荐值 0.5 的统计临界值，说明测量的收敛效度较好，便于进行结构分析。

表 7.2　信度和收敛效度检验结果

变量	测试题项	因子载荷	CITC	Cronbach's α	AVE
创新机遇决策水平	a1 决策与企业外部环境是一致的	0.754	0.573	0.863	0.743
	a2 做出的决策总是能对企业的发展产生良好效果	0.743	0.566		
	a3 做出的决策能提高企业规模增长，促进企业进行调整和变革	0.763	0.587		
	a4 做出的决策与企业长期发展目标相匹配	0.730	0.571		
	a5 做出的决策与企业其他决策是相适应的	0.699	0.562		

续表

变量	测试题项	因子载荷	CITC	Cronbach's α	AVE
企业家精神	a6 做出的决策能有效控制风险或损失	0.737	0.534	0.846	0.722
	a7 您与员工们对此决策的结果评价高	0.750	0.581		
	b1 您在本行业的突破式创新上起领头羊作用	0.816	0.647		
	b2 您在新产品或服务上的投资比例高	0.791	0.739		
	b3 您为加强部门之间的合作和交流重组了一些部门，改变了竞争战略	0.814	0.654		
	b4 您引进了创新的人力资源管理体系	0.834	0.578		
	b5 为找到现有市场立足点，您选择进入新的市场领域	0.815	0.652		
企业文化	c1 企业文化具有较好灵活性	0.770	0.697	0.778	0.712
	c2 企业关注外部的程度高于关注内部的程度	0.762	0.725		
	c3 对竞争对手或商业环境有很好的应变能力	0.812	0.556		
	c4 提倡广泛信息共享，方便大家获取所需信息	0.819	0.525		
	c5 企业文化能激发员工创新思想，提高综合素质	0.795	0.620		
社会网络	d1 您获得创新机遇的过程中，这些帮助您的人之间具有不同的职业背景	0.801	0.675	0.841	0.716
	d2 这些人之间的连接程度紧密	0.804	0.665		
	d3 您的企业占据着关系网络中心位置	0.833	0.554		
	d4 您与这些合作伙伴都已经合作了很长时间	0.799	0.683		
	d5 您能通过合作伙伴与其他人建立和发展多方关系	0.807	0.655		
风险感知	e1 在整合企业或引进新的业务流程中，您认为风险很高	0.904	0.791	0.890	0.765
	e2 在整合企业或引进新的业务流程中，您认为失败的可能性较大	0.872	0.723		
	e3 在整合企业或引进新的业务流程中，您认为可能带来的经济损失较大	0.866	0.741		
	e4 企业创新时由于不确定性高，您认为新决策失误可能性较大	0.850	0.783		

2. 效度检验

效度检验主要以验证性因子分析来验证本研究变量的结构效度和区分效度。本书运用 AMOS 软件对样本数据进行处理以检验变量的聚敛效度，整体拟合指数如表 7.3 所示，除了企业文化题项的近似误差均方根在 0.08～0.10，达到可接受标准外，绝大部分拟合指标的拟合效果较好，表明模型具有良好的结构效度，对样本数据的拟合结果最为理想，也说明本研究的问卷设计具有良好的区分效度，适合进行下一步的相关分析和回归分析。

表 7.3 变量判别效度验证性因子分析结果

变量	卡方统计值	*df*	χ^2/df	绝对拟合指标	比较适配指数	非规准适配指数	残差均方根	调整拟合优度指数	正规拟合指数	近似误差均方根
机遇决策水平	24.303	14	1.736	0.974	0.985	0.978	0.030	0.948	0.966	0.052
企业家精神	3.840	5	0.768	0.994	1.000	1.004	0.016	0.983	0.993	0.000
企业文化	14.326	5	2.865	0.978	0.923	0.846	0.049	0.933	0.891	0.087
社会网络	13.250	5	2.650	0.982	0.984	0.967	0.023	0.945	0.974	0.078
风险感知	5.704	2	2.852	0.990	0.994	0.982	0.013	0.950	0.991	0.082

7.4.2 描述性统计与相关关系分析

变量各维度的均值、标准差及相关性系数的分析结果如表 7.4 所示。其中，企业家创新机遇决策水平与企业家精神、企业文化、社会网络显著正相关，而风险感知与创新机遇决策水平、非正式制度各因素显著负相关，这为本书假设提供了初步支持。同时，企业家精神、企业文化和社会网络之间也显著正相关，说明非正式制度各因素之间相互联系。

表 7.4 变量描述性统计与相关系数

变量	均值	标准差	1	2	3	4	5	6	7	8	9	10
机遇决策水平	3.719	0.739	1									
企业家精神	3.608	0.821	0.468**	1								
企业文化	3.558	0.745	0.403**	0.371**	1							
社会网络	3.581	0.719	0.683**	0.388**	0.374**	1						
风险感知	2.476	0.836	-0.604**	-0.259**	-0.343**	-0.577**	1					
性别	0.580	0.494	0.051	−0.035	0.068	0.027	−0.077	1				

续表

变量	均值	标准差	1	2	3	4	5	6	7	8	9	10
年龄	2.993	1.180	0.017	−0.091	−0.042	0.048	−0.032	−0.012	1			
学历	2.887	1.234	0.131*	0.031	0.174*	0.224**	−0.320**	0.018	0.420***	1		
职位	2.577	1.014	0.042	−0.099	0.039	0.137*	−0.248**	−0.085	0.441***	0.732***	1	
所属行业	0.376	0.485	0.064	0.073	0.001	0.096	−0.145*	0.049	0.171*	0.432***	0.317***	1
成立时间	2.551	1.041	0.012	−0.064	−0.030	0.042	−0.028	0.060	0.251**	0.111	0.312*	−0.107

注：年龄选项分为：(1)23 岁以下；(2)24～33 岁；(3)34～43 岁；(4)44～53 岁；(5)54 岁以上。学历选项分别为：(1)高中及中专以下；(2)大专；(3)本科；(4)硕士；(5)博士及以上。职位按照基本信息表里的分类依次分为四个选项。所属行业“1”代表高科技企业、“0”代表非高科技企业。企业成立时间也依次分为四个选项。***、**、*分别表示在 $p<0.001$、$p<0.01$、$p<0.05$ 的水平下显著。余同。

7.4.3　假设检验

为进一步探索企业家创新机遇决策水平、企业家精神、企业文化等各变量之间的关系，研究采用层级回归的方法通过 SPSS20.0 软件进行假设验证。

(1)非正式制度、风险感知对企业家创新机遇决策水平的影响。表 7.5 中的 6 个模型均以创新机遇决策水平作为被解释变量。模型 1a 是把控制变量作为解释变量，以考察决策对象的性别、年龄、学历、所在企业的规模、所属行业、成立时间对创新机遇决策水平的影响。模型 1b 到模型 1e 是将非正式制度中的企业家精神、企业文化、社会网络作为自变量，进行多元回归分析。其回归结果表明，社会网络对创新机遇决策水平的影响最为显著(β=0.677，p<0.001)，其次是企业家精神(β=0.445，p<0.001)，影响相对较低的是企业文化(β=0.392，p<0.001)。而模型 2 是以风险感知为自变量，结果表明风险感知影响显著(β=−0.626，p<0.001)。研究假设 H1a、H1b、H1c、H3 均得到验证。

表 7.5 非正式制度、风险感知对创新机遇决策的结果

自变量	因变量：创新机遇决策水平					
	模型 1a	模型 1b	模型 1c	模型 1d	模型 1e	模型 2
常数项	3.523***	1.877***	2.186***	1.248***	0.521*	5.243***
性别	0.053	0.101	0.021	0.039	0.053	−0.022
年龄	−0.021	0.006	0.007	0.003	0.019	0.033
学历	0.127*	0.066	0.043	0.013	−0.020	0.010
企业规模	−0.078	0.010	−0.040	−0.051	−0.005	0.122*
所属行业	0.019	−0.040	0.078	0.000	0.006	0.018
成立时间	0.021	0.012	0.025	0.001	0.001	0.024
企业家精神		0.425***			0.189***	
企业文化			0.390***		0.118*	
社会网络				0.706***	0.579***	
风险感知						−0.563***
p	0.026	0.238	0.170	0.471	0.528	0.381
调整后的 R^2	0.004	0.218	0.148	0.457	0.512	0.365
F 值	1.173	74.112***	46.160***	223.505**	93.820***	152.764***

(2)非正式制度对风险感知的影响。表 7.6 是以非正式制度中的企业家精神、企业文化、社会网络作为自变量，风险感知作为因变量进行多元回归分析。结果表明，控制变量作为解释变量对风险感知的影响中，其年龄对风险感知显著正相关(β=0.127，p<0.05)，说明风险感知因年龄的不同存在着差异，年轻企业家对风险的感知低于年长企业家，且由于前者的风险倾向较高，因此他所承担的风险也更多；学历与风险感知显著负相关(β=−0.241，p<0.001)，这一结果也证实了 Kraus 等(1992)提出的年龄、教育水平与风险感知的负向关系；企业规模与风险感知显著负相关(β=0.109，p<0.05)，说明企业规模越大，企业家对其风险的把控越加小心，风险感知带来的恐慌后果将增大。自变量作为解释变量的非正式制度中对风险感知影响最为显著的是社会网络(β=−0.527，p<0.001)，其次是企业文化(β=−0.297，p<0.001)，再次是企业家精神(β=−0.246，p<0.001)，因此，假设 H2a、H2b、H2c 得到验证。

表 7.6　非正式制度对风险感知的回归结果

自变量	风险感知				
	模型 3a	模型 3b	模型 3c	模型 3d	模型 3e
常数项	3.054***	4.083***	4.186***	5.039***	5.417***
性别	−0.133	−0.163	-0.106	−0.121	−0.115
年龄	0.097*	0.180	0.073	0.076	0.066
学历	−0.208**	−0.170**	−0.137**	−0.108*	−0.085
企业规模	−0.078	−0.133	−0.110	−0.102	−0.119
所属行业	−0.002	0.035	−0.051	0.004	−0.011
成立时间	0.005	0.011	0.002	0.023	0.020
企业家精神		−0.266***			−0.034
企业文化			−0.330***		−0.130*
社会网络				−0.616***	−0.554***
R^2	0.123	0.188	0.204	0.388	0.402
调整后的 R^2	0.104	0.167	0.183	0.364	0.381
F 值	6.269***	21.259***	26.987***	115.088***	40.925***

(3) 风险感知的中介作用。结合以上模型对假设的验证，在回归方程中加入中介变量风险感知，分别构建自变量企业家精神、企业文化、社会网络与因变量创新机遇决策水平的中介检验。表 7.7 显示，自加入中介变量后，先前假设的企业家精神、社会网络对创新机遇决策水平的回归系数有所下降，但仍然显著，且 R^2 显著比 H2a、H2b、H2c 的假设检验高，表明风险感知在企业家精神、企业文化、社会网络对创新机遇决策水平起到部分中介作用，由此，H4a、H4b、H4c 得到验证。另外，模型 4e 是以风险感知作为中介，将非正式制度中包含的所有因素结合起来对创新机遇决策进行分析，其中企业文化在整个回归模型中系数不显著，而 ΔR^2 明显高于单个非正式制度因素对创新机遇决策的影响，说明风险感知在整个非正式制度中，企业文化对创新机遇决策水平有着完全中介作用。

表 7.7 风险感知中介作用的回归结果

自变量	创新机遇决策水平				
	模型 4a	模型 4b	模型 4c	模型 4d	模型 4e
常数项	3.523***	2.814***	4.281***	2.814***	2.058***
性别	0.053	0.001	−0.032	0.001	0.020
年龄	−0.021	0.027	0.043	0.027	0.038
学历	0.127*	−0.021	−0.026	-0.021	-0.044
企业规模	−0.078*	−0.082	−0.095	-0.082	-0.039
所属行业	0.019	0.014	0.052	0.014	0.002
成立时间	0.021	0.008	0.026	0.008	0.007
企业家精神		0.514 ***			0.179***
企业文化			0.225***		0.081
社会网络				0.514***	0.422***
风险感知		−0.311***	−0.500***	−0.311***	−0.284***
R^2	0.026	0.477	0.425	0.546	0.590
调整后的 R^2	0.004	0.462	0.407	0.532	0.574
F 值	1.173	48.820***	91.849***	151.918***	90.504***

(4)非正式制度中各变量间的交互效应。在描述性分析和相关性分析中得出非正式制度各变量之间存在相互联系，由此本研究采用层次回归方法验证企业家精神、企业文化、社会网络之间是否具有对企业家创新机遇决策水平的交互作用。各个回归模型的被解释变量均为创新机遇决策水平，因为在进行交互效应检验时，发现本研究存在共线性问题，因此对各个交互项做了去中心化处理。回归结果如表 7.8 所示。模型 5a 和模型 6a 分别在模型 1e 和模型 4e 的基础上加入了解释变量的二重交互项，模型 5b 和模型 6b 是在模型 5a 和模型 6a 的基础上加入了解释变量的三重交互项。与模型 5a 和模型 6a 相比，模型 5b 和模型 6b 的 R^2 并没有显著性提高（ΔR^2 分别为 0.001 和 0.002)，排除控制变量和解释变量的独立影响，解释变量的三重交互项对创新机遇决策水平未达到统计上的显著水平，即三重交互项的回归系数未通过显著性检验。与模型 1e 和

模型 4e 相比，模型 5a 和模型 6a 的 R^2 均有显著意义的提高（ΔR^2 分别为 0.045 和 0.025），排除控制变量、解释变量的独立影响和三重交互项影响，这表明解释变量的二重交互项对创新机遇决策具有重要解释作用。与模型 5a 和 5b 相比，模型 6a 和 6b 加入了中介变量风险感知，其 p 值均有显著意义的提高（ΔR^2 分别为 0.042 和 0.043），这也证明了风险感知在加入解释变量的二重交互项和三重交互项中起到了中介作用。同时，加入中介变量后导致主效应企业文化不显著，这说明风险感知在该模型中对企业文化起到完全中介作用，验证了非正式制度中存在的交互效应。另外，解释变量的二重交互项企业家精神与企业文化调节效应显著，表明这两者之间的相互促进和协调对创新机遇决策具有积极的影响。企业家精神与社会网络之间的调节效应不显著，表明企业家精神对创新机遇决策的影响不会随着社会网络范围的扩大而增大。企业文化与社会网络之间的调节效应显著，表明企业文化与社会网络之间共同促进，影响创新机遇决策水平。

表 7.8　非正式制度间交互效应回归结果

自变量	创新机遇决策水平			
	模型 5a	模型 5b	模型 6a	模型 6b
常数项	0.796**	0.807**	2.166***	2.295***
性别	0.077	0.078	0.044	0.048
年龄	0.008	0.008	0.025	0.022
学历	0.001	5.783*×10^{-5}	−0.023	−0.028
企业规模	−0.016	−0.015	−0.043	−0.038
所属行业	0.010	0.010	0.003	0.000
成立时间	0.000	0.000	0.004	0.005
企业家精神	0.203***	0.202***	0.181***	0.177***
企业文化	0.109*	0.107*	0.072	0.062
社会网络	0.499***	0.498***	0.373***	0.358***
风险感知			−0.244***	−0.255***
企业家精神/企业文化	0.200***	0.205***	0.125*	0.149**

续表

自变量	创新机遇决策水平			
	模型 5a	模型 5b	模型 6a	模型 6b
企业家精神/社会网络	−0.060	−0.056	−0.073	−0.053
企业文化/社会网络	0.245***	0.240***	0.179**	0.141*
企业家精神/企业文化/社会网络		0.012		0.073
R^2	0.573	0.574	0.615	0.617
调整后的 R^2	0.554	0.552	0.595	0.596
F 值	9.188***	0.041	5.538**	1.566

7.5 相关结论与启示

(1)非正式制度中的社会网络、企业家精神、企业文化对企业家创新机遇决策均有积极的影响，且影响程度依次减弱。社会网络是企业及企业家外部资源的体现，拥有良好社会网络系统的企业，能够更高效地获得与创新机遇决策相关的信息，进而有效处理决策中的各类问题，提高创新机遇决策水平。具有创新精神和创新动力的企业家，能够主动、高效、迅速地做出创新决策。企业文化是企业核心价值观的体现，在创新精神的文化熏陶下，员工也具备一定的创新精神，企业家做出创新决策时，员工能够积极支持企业家的创新决策，减少企业家创新决策阻力。然而，由于部分员工保守的个性特点以及流动性高的特性，难以保证企业文化影响每一位员工，而且每个企业重视文化建设的程度也不同，这就降低了企业文化对创新机遇决策的影响程度，因而企业文化对于企业家创新机遇决策影响程度相对较低。

(2)非正式制度中的社会网络、企业文化、企业家精神对风险感知有显著负向影响，且影响程度依次减弱。具备创新精神的企业家追求创新的动力远高于对风险的畏惧，他们更关注创新带来的收益而非风险，因而企业家创新精神对风险感知有负向影响。一个具有创新文化的企业，能够培育、指导出一批具有创新精神，敢于冒险的员工，他们与具有创新精神的企业家一样，更看重创新带来的收益，更具冒险精神，因而企业文化对风险感知具有显著的负向影响。具有良好社会网络体系的企业，可以通过社会网络系统得到更完善、更准确的信息，有助于企业家更好地把控、解决机遇决策过程中遇到的问题，降低信息的不对称性，提高企业解决问题的能力，降低了企业家的风险感知。

(3) 企业家风险感知对创新机遇决策呈显著的负向影响。企业家风险感知程度越高，面对创新机遇时就会更多地考虑创新带来的风险以及创新失败导致的严重后果，从而畏惧创新。从时间层面的角度，由于企业家风险感知度较高，畏惧在创新过程中遇到的困难，以及无力承担创新失败带来的严重后果，企业家创新机遇决策更保守，需花费更多的时间去思考、犹豫到底要不要创新？该不该创新？这必然耽误时间，错过创新机遇决策的最好时机。另外，本研究发现，风险感知在非正式制度和创新机遇决策之间起到中介作用，在企业家精神和创新机遇决策之间、在企业文化和创新机遇决策之间以及在社会网络和创新机遇决策之间起到部分中介作用。

(4) 本章的启示。在万众创新、产品加速迭代的大环境下，提高企业创新能力显得尤为重要，而企业家创新机遇决策越来越依赖非正式制度，因此创新型企业实现持续创新应注重非正式制度的建设。第一，企业应构建良好的社会网络体系，在稳固内部核心关系的基础上，多方面发展外部网络体系。重视企业与企业之间、人与人之间良好关系的发展。同时，构建具有创新精神的企业文化，有效的创新文化能够提高企业的创新效率。企业文化构建必须发挥员工个人的积极性和创造力，管理者应该信任被管理者，采用分权式管理方式，使被管理者成为一个创新者而非一个执行者。第二，企业应该采用灵活的绩效考核方式，不要过分强调短期成果产出，更应注重长期产出带来的收益。同时，企业应该注重培育内部企业家精神，在企业内部塑造创新典范，发挥示范效用，有效激励员工自主创新意识。企业也要重视对企业家创新精神的培育，企业家应该与时俱进，不断学习新知识，开阔自己的视野，提高自身素养。第三，对企业家给予股权激励，将企业家的利益与公司的利益紧密结合起来，当企业家与公司利益息息相关时，他们有更强的主动性、责任感、使命感，更愿意为公司未来的发展出谋划策。

(5)本章研究的不足和需要改进之处。第一，本书虽然探讨了非正式制度中的企业家精神、企业文化和社会网络与企业家创新机遇决策的关系，但是非正式制度概念相对宽泛，本书探讨的三个层面具有一定的局限性。第二，本书力求在研究方法和数据收集方面严谨，但是企业文化、社会网络、企业家精神等因素只能定性分析，具有一定的主观判断性。在样本的选取上，本书的调研对象主要是熟悉的或者方便联系的企业人员，没有进行随机抽样，在一定程度上会影响结论的可靠性和代表性。本书在深度和广度上尚存不足，结论的可靠性和普适性依旧有待继续研究探讨。

7.6 本章小结

本章对创新型企业持续创新机遇决策影响要素进行了分析，从而更好地实施机遇决策方案。基于非正式制度影响企业家创新机遇决策机理，把非正式制度划分为企业家精神、企业文化和社会网络，运用结构方程对非正式制度、风险感知及企业家创新机遇决策三者的相互作用关系进行深入研究，得出企业家精神、企业文化、社会网络显著的正向影响企业家创新机遇决策，风险感知负向影响企业家创新机遇决策，风险感知在一定程度上左右企业家精神、企业文化和社会网络对创新机遇决策的影响，此外，非正式制度部分因素之间还存在交叉影响作用。本研究拓展了创新机遇决策理论，对提高企业家机遇决策能力和水平提供了一定理论指导和实践参考。

第 8 章　创新型企业持续创新机遇决策机制构建

创新型企业持续创新机遇决策机制是创新型企业运行的前提和基础，不同的决策机制对机遇的把握产生截然不同的影响。本章主要从组织结构与人员配备机制、重大风险预警机制、重大机遇预报机制构建三个方面构建创新型企业持续创新机遇决策机制。其中，组织结构与人员配备机制是机遇决策的前提和基础，只有构建组织结构并配备专职人员，才能更好地做出机遇决策。重大风险预警机制是机遇决策机制的重要保障，它能够对重大风险因素进行实时监控，对创新型企业持续创新过程重大风险进行评估，并给出相应的应对措施，尽可能将重大风险控制在爆发之前，以保障创新型企业持续创新正常推进。重大机遇预报机制是机遇决策的重要内容，它能通过提前预判机遇可能出现的情况，为创新型企业持续创新机遇决策提供重要的信息来源。

8.1　组织结构与人员配备机制

组织结构和人员配备机制是创新型企业持续创新机遇决策的前提和基础，它基于机遇决策目标，设置若干管理层次和组织机构，明确规定各自的职责和职权，以及各部门相互间的分工协作和信息沟通方式。由于持续创新是一个过程，机遇决策不是一次性的瞬间行为，而是一段时间内的持续决策。因而，组织结构和人员配备机制必须满足整个持续创新决策过程的需求。

8.1.1 组织结构设计

组织结构与人员配备是建设创新型企业持续创新机遇决策机制的核心、前提和基础。创新型企业根据规模差异构建相适应的组织结构。因此，创新型企业可从董事会、职能部门和具体操作执行层三个层面构建组织结构，并配备合适的人员，确保机遇决策机制的可操作性与可执行性。

对于中小型创新型企业，可不设置专职的机遇决策部门，仅建立机遇决策机制小组，由一位董事会的高管任组长，而成员是从各个相应部门抽调人(兼职)来构成的。对于大型创新型企业，需设置机遇决策部，组织构架为机遇决策办公室。

以大型创新型企业的组织结构与人员配备为例，首先，应将重大机遇决策与企业管理制度融合和匹配，需从董事会选举一位高管任总负责人。其次，应在机遇决策部门设置机遇决策办公室，配备办公室主任，具体负责创新机遇决策工作。最后，从各个部门配备工作人员(可兼职，执行具体操作和实施工作)。具体框架如图 8.1 所示。

如图 8.1 所示，机遇决策专家委员会是最高权力机构，成员由创新型企业高级管理层、部分技术专家和投资专家、各个机遇决策相关部门负责人构成。其中，专家委员会主要负责创新型企业持续创新机遇决策的实施以及实施过程中的重大变更事项；机遇决策专业职能管理部门主要负责机遇决策活动的归口管理，例如，项目方向把关、内外部关系协调、组织技术创新、项目立项和过程控制以及结果评估等；市场部门负责技术创新项目的市场调查，对项目可行性研究报告中的市场状况、容量、竞争对手及价格定位、市场策略等情况进行专业审查和把关，提出意见，参与技术创新项目的监督检查，跟踪研究并对投资效益进行评估，确认技术开发部门对技术创新项目的技术先进性、适用性和可行性进行专业审查，对技术创新成果的生产转化以及生产过程中的相关问题进行监督、检查和指导，对技术创新项目的相关内容进行专业审查和把关；财务部门对项目进行财务控制与管理，并对项目的经济可行性进行专业把关；安全环保部门负责评价技术创新项目的环境影响，对项目实施过程中的安全与环保措施进行协调与指导。

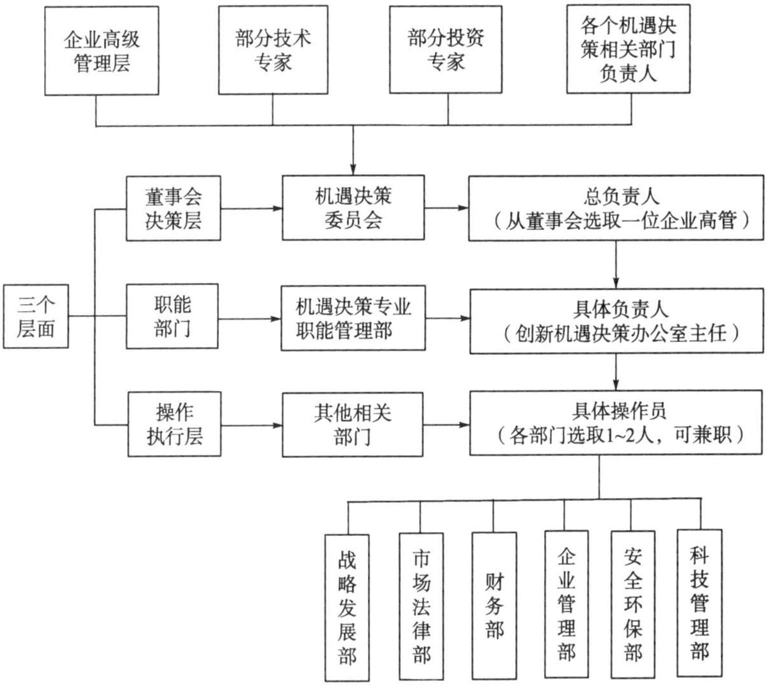

图 8.1　企业持续创新过程机遇决策机制的组织结构

机遇决策权力一旦划分，就会对决策结果产生决定性的影响。为降低机遇决策的风险概率，必须对决策权力给予相应的监督。决策是一个博弈过程，需要多方参与。然而，在我国众多创新型企业持续创新决策的过程中，决策信息的垄断使公众对决策过程、内容知之甚少，监督无从谈起。在专家论证环节，企业倾向于请“喜鹊”而非“乌鸦”，以减小决策阻力。而在其他许多国家，决策要经过科学、民主、公开、专业的制度安排，如社会讨论、公众参与、议会表决等方式，以制约决策的随意性，降低决策失误率。因此，将决策纳入民主监督，增加决策透明度，是减少决策失误、降低决策风险的根本之道。

在现实生活中，因决策的随意性、盲目性、功利性甚至管理者为追求个人私利乱拍板、乱决策的例子不胜枚举，却很少有因决策失误而被问责的。决策失误得不到及时追究，很大程度上是因为重大决策的正确与否没有立即显现。只有对决策结果终身“脱不了干系”，才能对决策者真正起到制约作用，因而有必要推行决策问责制。

8.1.2 制定提高决策效率的措施

提高创新型企业持续创新机遇决策效率的措施如下：第一，高层管理者向员工适度授权，使各层级都能成为特定范围的决策主体。在确保组织运行一体化的前提下，建立多级决策中心并存的决策体系，提高员工决策参与度。第二，组织结构扁平化。通过提升员工的成熟度，适度扩大管理幅度，减少管理层次，增强组织灵活性，使组织结构柔性化。采用工作团队、项目小组等多种形式，强化部门间的交流合作，使不同方面的知识共享后形成合力。第三，采用先进的信息技术，不断拓宽沟通渠道，建立灵活的沟通网络，适当引导和控制各种非正式沟通渠道，缩短信息传递链。通过供应链管理、组建战略联盟等多种形式，与其他企业建立良好的合作关系和沟通网络，实现信息共享。

8.2 创新型企业持续创新过程中的重大风险预警机制

8.2.1 重大风险预警机制构建的基本思路

创新型企业持续创新过程中的重大风险预警采用预防为主、事前控制的思路，采用一套科学的指标体系、评价方法、预警模型，为创新型企业设计一套可操作的预警机制，将创新型企业持续创新过程整体风险情况以及一级指标风险等级进行实时监控，当某些条件和环境发生变化时，能够快速给出监控结果，输出风险等级，采取相应的管控措施，将风险爆发的可能性降到最小。

为了对创新型企业持续创新机遇决策起到实质性的影响，达到预期目标，重大风险预警机制设计必须遵循成本目标原则。有些企业过于注重预警机制构建的完整性、有效性，忽略技术创新的目标是“盈利”，结果容易出现超出成本预算的现象，从而导致企业得不偿失。重大风险预警机制的构建、实施和日常维护，需要花费企业大量的人力、物力、财力。因此，在实际操作过程中，有必要考虑企业创新成本，将其控制在合理范围。如果企业花费巨资构建一套完善的预警机制，但日常维护成本较高，即使对风险进行有效管控，但从企业整体角度通盘考虑，也是失效的。

8.2.2　重大风险预警机制的构建原则

为使创新型企业持续创新过程重大风险预警机制科学有效，在构建时，还应遵循如下基本原则，具体如下：

(1) 科学性原则。科学性原则指重大风险预警机制的构建过程是科学的，包括对风险指标的选取，应通过科学方法筛选和分类，使选取的指标具有较大的代表性和广泛的说服力。评价方法的选取和评价也是科学的，评价结果能够真实反映企业风险情况。风险应对措施也是科学的，能够使得企业持续创新过程中的重大风险得到有效管控。

(2) 适度性原则。适度性原则指构建重大风险预警要适度，不能过于敏感。当某个风险因素指标稍有变化，立即给出非常严重的风险等级，这不是好的风险预警系统。重大风险预警也不能过于迟钝，某类重大风险指标值超过警戒线，系统还未输出相应的结果，这不能引起企业的高度重视。

(3)动态性原则。创新型企业持续创新过程重大风险预警机制构建不是一蹴而就，它首先对重大关键风险构建预警机制，然后再延伸到其他重大风险。构建重大风险预警机制需要根据外部重大环境的变化、创新战略的变化进行信息反馈，不断更新和完善。

8.2.3 重大风险预警机制的功能

重大风险预警机制是一个系统，它通过建立风险指标体系子系统，对重大风险因素进行实时监控，对重大风险进行评估，输出风险等级信号，给出相应的应对措施，将重大风险尽量控制在爆发之前，以保障创新型企业持续创新的正常推进。因此，重大风险预警机制要具备以下几个关键功能：

(1)监测功能。根据创新型企业持续创新过程的实际，筛选出影响持续创新的重大风险因素指标，在创新过程中进行实时跟踪监控，对一些变化较大的风险因素指标，将监测到的指标实际值与标准值进行对比，可输出重大风险的等级信号，并采取措施进行应对。

(2)警报功能。对创新型企业持续创新过程重大风险因素指标的早期征兆和诱因进行警报的一种功能。通过设立各类风险征兆或现象可能产生的界限区域，对重大风险整体情况及一级指标风险大小进行预警和报告的功能。

(3)预防功能。预警机制本身是一种事前控制，预防为主的方式。当创新型企业持续创新过程重大风险的影响因素发生变化前，风险预警机制通常暴露出一些问题，从而预先提示企业做好一些准备工作，未雨绸缪、防患于未然。

8.2.4 预警机制模型构建

创新型企业持续创新过程重大风险预警机制是风险管理系统的一个子系统，它应该与其他系统互联互通，共享信息，共同支持创新型企业持续创新系统的正常运行。创新型企业持续创新过程重大风险预警机制是决策支持系统，它采取一系列科学方法，识别企业持续创新过程重大风险因素，筛选重大风险预警指标体系，对重大风险进行综合度量，对风险等级进行划分，输出预警信号，采取预控措施对重大风险进行全方位的监测，并对监测结果及时、准确、有效地发出警示结果。

根据重大风险预警机制的定义，可构建如图 8.2 所示的重大风险预警框架。此框架主要包括：重大风险因素识别模块、重大风险预警指标模块、重大风险综合评价模块、预警等级信号输出模块、预控措施模块、信息反馈与预警机制修正模块。上述风险预警系统的六个模块环环相扣，紧密配合，模块间的循环运作构成了重大风险预警机制的运行流程。

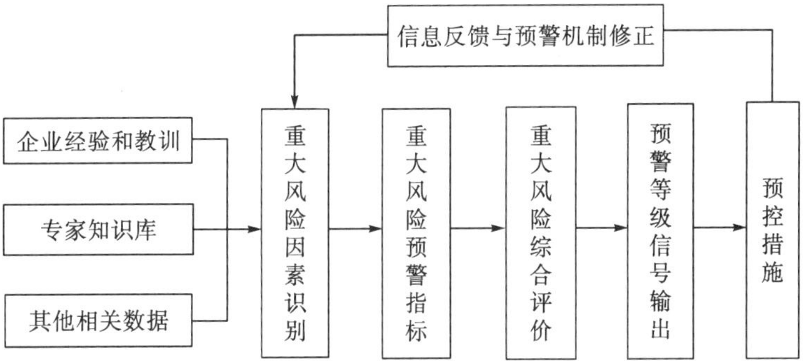

图 8.2　企业持续创新过程重大风险预警机制框架

基于我国创新型企业持续创新过程中的重大风险管理经验，结合风险管理相关理论成果，参考如图 8.2 所示的重大风险预警机制框架图，构建出如图 8.3 所示的创新型企业持续创新过程重大风险预警模型。该预警模型共包括四大模块：①重大风险的输入模块。由于重大风险的识别、重大风险预警指标选取以及重大风险综合评价都属于前面构建的重大风险动态分析框架，因而可将其作为本模型的输入模块。②重大风险预警等级信号输出模块。③预控措施模块。④信息反馈与预警机制的修正模块。每个模块的具体内容如下：

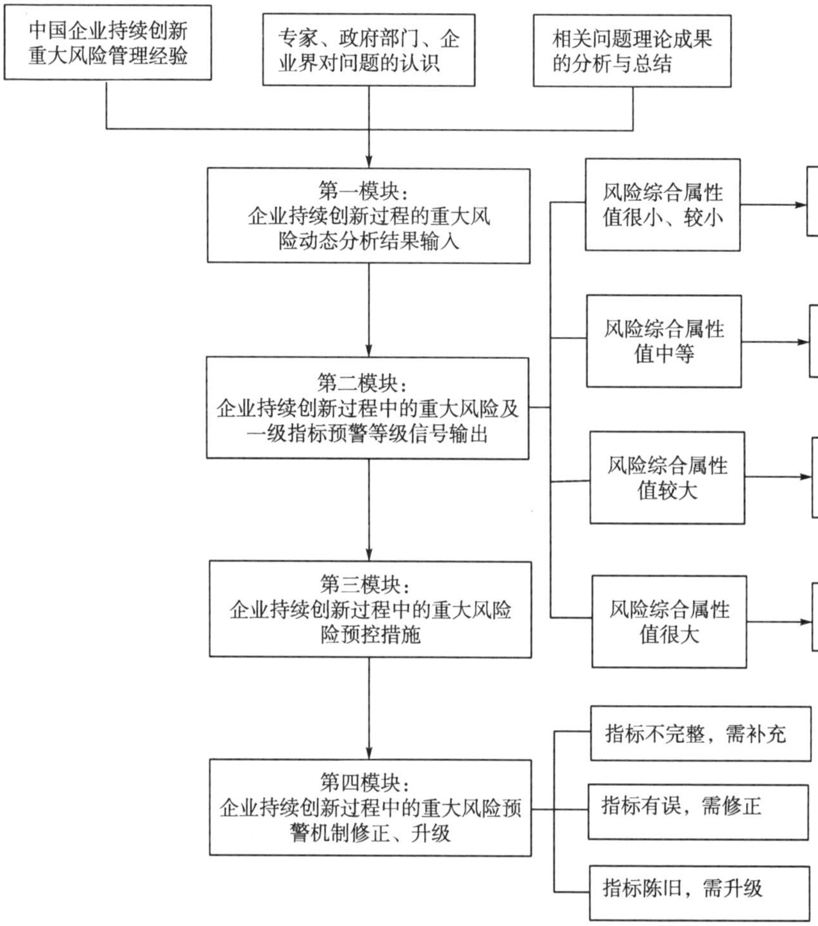

图 8.3 创新型企业持续创新过程重大风险预警模型

(1) 重大风险输入模块。该模块共包括三部分内容：一是重大风险因素识别模块，可参考前文论述的内容。二是重大风险预警指标模块，用于表现重大风险的一些关键性指标，可根据表中的内容，结合具体企业进行筛选和适当增加，加上度量标准即可构成。三是重大风险评估模块，指当某些重大风险预警指标发生重大变化时，对创新型企业持续创新过程中重大风险进行评估的过程。

(2) 重大风险预警等级信号输出模块。重大风险预警等级信号输出模块的功能在于规划互不重叠的预警区域，不同的预警区域又对应不同的重大风险等级。当重大风险综合评判的结果在某一个预警区域时，输出相应的预警信号。本书根据重大风险爆发的概率及可能造成的损失将其分为四个等级，四个等级划分及信号灯的具体内容如表 8.1 所示。

表 8.1　重大风险预警等级与信号表

风险等级	很小或较小	中等	较大	很大
预警等级	Ⅰ级	Ⅱ级	Ⅲ级	Ⅳ级
预警信号	绿灯	黄灯	橙灯	红灯

(3) 预控措施模块。针对第一个模块对创新型企业持续创新过程中重大风险的综合评价结果以及输出的预警信号等级，构建不同风险预警等级信号应采取重大风险预警预控措施。按照重大风险预警等级从低到高，提出风险忽略策略、风险接受和关注策略、风险减小和转移策略、风险应对和控制策略。

(4) 信息反馈与预警机制的修正模块。重大风险预警机制构建并非一劳永逸，而是需要在重大风险预警机制构建后，实时进行信息反馈，根据反馈的信息定时评估和检验预警机制各模块的准确性、运行的稳定性，预警等级信号输出的及时性、有效性。如果指标信号或预控措施不完整，则需要补充完善；如果指标、信号或预控措施有误，则及时进行修正；如果指标、信号或是预控措施陈旧，不能满足企业可持续发展的需要，则应及时进行更新换代、升级，以促进模块间的无缝对接和高效运作。

综合而言，四个模块需高效配合、正常运作，整个过程不断循环，构成创新型企业持续创新过程中重大风险预警机制。还需要重点强调的是，四大模块的具体内容都是根据创新型企业持续创新实践经验总结而得，有一定的普适性。但是针对具体的单个企业，还需根据创新型企业持续创新过程的实际情况，做出适当的筛选和添加、修正和完善，以满足创新型企业持续创新过程中重大风险预警的需要。

8.3 创新型企业重大机遇预报机制构建

从系统论的观点来看，机遇管理是一个由多个复杂子系统构成的有机系统，因此，使重大机遇管理理论切实运用到企业日常经营管理中，就必须对每个子系统进行系统深入的分析和研究。鉴于篇幅的限制，本书仅对创新型企业持续创新过程的重大机遇进行预报，因而，可以借助前面构建的机遇动态识别和价值评价模型，形成一套完整的重大机遇事前应对机制。构建重大机遇预报机制时，本书先明确预报机制构建的思路，然后确定构建预报机制需遵循的原则以及包含的内容，最后在此基础上形成一套切实可行的机遇预报机制。

8.3.1 基本思路

当前我国创新型企业最匮乏的是对重大机遇进行事前预报和分析，从而导致企业面临重大机遇时呈现三种状况：第一，机遇突然来临，企业未能充分做好准备，使得企业被迫选择成本更高的重大机遇方案，甚至放弃该重大机遇；第二，企业未能提前意识到重大机遇的来临，直到其竞争对手推出新产品才恍然大悟，最终失去技术优势；第三，企业成功意识到重大机遇的到来，但由于企业未能建立完善的重大机遇应对机制，导致整个管理系统混乱，延误捕捉重大机遇的最佳时期。以上三种情况都会对企业生存和发展带来重大的负面影响，因此，为从根本上避免以上三种情况，创新型企业必须建立一套系统科学的重大机遇预报机制。

构建重大机遇预报机制的思路如下：首先，根据重大机遇识别技术，获取重大机遇的整体和局部信息；其次，将这些信息作为输入变量输入到企业重大机遇价值评价模型；最后，利用价值评价方法对重大机遇的重要性等级、出现的可能性以及利用的成本等相关信息进行评估，为企业重大机遇预报提供指导。具体而言，由于企业面临的内外部环境不断变化，企业需要采取一套科学的重大机遇识别技术体系和评价方法模型，利用识别技术对重大机遇进行实时监控，最终形成一套快速监控、反馈的机遇预报机制，将企业准确预报重大机遇的可能性做到最大。

此外，企业设计重大机遇预报机制时，营利性依然是其考虑的最主要因素，企业捕捉重大机遇的主要目的是获取超常收益，实现差异性竞争优势。如果企业设计重大机遇预报机制时不考虑成本因素，以高额的投入获取一套完美的重大机遇预报机制，就使企业在预报重大机遇时大量增加成本，降低利用重大机遇的收益，甚至可能成为企业经营发展的重大负担。因此，企业应根据自身所处环境的特征和自身实际情况，将重大机遇预报机制的成本控制在合理的范围，减少日常系统维护成本，容许一定范围内的误差，从而构建出一套真正切实可行的重大机遇预报机制。

8.3.2　构建原则

为使构建出的创新型企业持续创新机遇预报机制科学有效，有必要遵循以下原则：

(1)科学性原则。重大机遇预报机制的构建过程是科学的，包括选择识别技术、价值评价指标和价值评价方法等，都必须具有较强的说服力，必须与重大机遇特征和企业实际情况相吻合。重大机遇预报的结果必须准确反映企业的实际情况和未来发展可能出现的情况，必须充分展现利用该重大机遇可能面临的风险和危害程度，从而使企业可以系统全面地把握重大机遇的重要信息，实现重大机遇管理。

(2)动态性原则。重大机遇预报机制必须适应企业日新月异的环境变化，这包含两个层面的内容：第一，企业构建的预报机制必须具备实时监控、动态输入和快速输出的功能；第二，预报机制必须包含对机制中结构因素进行动态修正的内容，即当环境发生重大变化时，企业面临的不是局部变化，而是整个结构需要重构，需要具备高效重构预报机制的功能，从而保障创新型企业重大机遇预报机制随着环境的变化而变化。

(3)客观性原则。由于企业预报的重大机遇是还未发生的事件，因此创新型企业重大机遇识别和评价指标体系设计难免出现主观性指标，为避免个人主观看法对于重大机遇预报的严重影响，创新型企业持续创新机遇预报机制必须充分规避主观性的影响，保证获取的信息可以反映企业的真实情况或是大部分专业人士的共同看法，从而保证预报结果可以客观反映企业的真实情况。

8.3.3 基本功能

创新型企业持续创新机遇预报机制就是利用识别技术对重大机遇的相关信息进行识别，对重大机遇的相关信息进行发掘和汇总的机制，它具有四个主要功能：识别功能、价值评价功能、反馈功能和保障功能。其预报原理如下：首先，将机遇的识别信息输入到重大机遇价值评价模型中，输出该重大机遇对于企业的意义及其成本等相关信息；然后，将评价结果分别反馈给识别系统，对机遇信息进行修正。以上功能的实现都必须依托完善的保障机制，保障整个流程的畅通和修正工作的高效。四个功能具体如下：

(1)识别功能。识别功能是利用专业的识别技术，对企业的经验、外部环境、技术轨迹等重大机遇相关信息进行实时挖掘和整合，发现其中体现未来技术发展的相关信息，从这些信息中筛选符合行业和企业发展的，能给企业带来重大收益的内容并进行整合，为输入价值评价模型做好准备。

(2)价值评价功能。价值评价功能的目的是科学客观地评价出重大机遇可能给企业带来的收益。通过企业构建重大机遇价值评价指标体系，将前期识别出的重大机遇信息输入到价值评价模型中，快速评价出利用该重大机遇可能给企业带来的显性和隐性收益、预计成本、预计风险等相关指标值，并给出对重大机遇价值进行评价的综合指标值。将所得到的综合指标值与预先设定的标杆指标进行比较，输出该机遇的利用价值等级。

(3) 反馈功能。将价值评价结果反馈给识别系统，识别系统包含两方面的内容，一是将先期评价结果与当期评价结果进行比较，发现其中出现重大变化的因素，对识别结果进行修正；二是将评价结果反馈给系统管理人员，管理人员将企业的实际情况与评价结果进行比较，发现其中存在的问题，并依据问题对预报机制系统进行修正。

(4) 保障功能。保障功能的目的主要有助于以下两条路径顺利进行：一是信息的流通路径，企业构建重大机遇预报机制必须具备维护各子系统间信息顺畅流通的功能，当面临信息流通不畅时可以进行快速分析和处理，迅速解决问题；二是机制修正路径，即预报机制对顺利修正自身结构性因素具有重要的保障作用，这种功能可以通过制定规章制度、人事安排和组织结构设计等方式实现，目的在于确保重大机遇预报机制的动态性和客观性。

8.3.4 重大机遇预报机制构建

创新型企业持续创新机遇预报机制是重大机遇管理系统的一个子系统，它不仅需要与其他子系统间进行信息交流和沟通，共同实现重大机遇预报的目标，同时其自身结构间也不断进行信息流动，因此，可以借助模块化的系统设计方法构建预报机制模型，以模块作为功能的集合，以接口作为信息沟通的门户。本书在整合前文所述的重大机遇预报机制四个主要功能的基础上，将机遇预报机制划分为三个主要的功能性模块，分别是重大机遇信息预处理模块、重大机遇评价及结果输出模块、信息反馈及机制修正模块。三个模块具体的结构及功能如下：

(1)重大机遇信息预处理模块。重大机遇信息预处理模块具有三个接口：第一个接口连接着外部信息源，是重大机遇预报机制系统的信息流入接口；第二个接口连接着重大机遇评价及结果输出模块，将预处理的信息输入重大机遇评价及结果输出模块，进行进一步的分析处理；第三个接口连接信息反馈及机制修正模块，将影响因素出现重大变化的情况直接反馈给处理人员，引起管理人员的重视，并接收信息反馈及机制修正模块的修正信息。重大机遇信息输入模块主要包括四个功能：一是识别出重大机遇相关因素；二是整合识别出的信息；三是依据企业特征进行预评估，剔除与企业发展无关的信息；四是对影响因素的重大变化进行预警。

(2)重大机遇评价及结果输出模块。重大机遇评价及结果输出模块包含三个接口：第一个接口连接着重大机遇信息预处理模块，是预处理信息流入的门户；第二个接口连接信息反馈及机制修正模块，将评价的结果作为输入信息流回模块的门户，同时也负责接收信息反馈及机制修正模块的模块修正信息；第三个接口连接着重大机遇预报机制系统外部，作为评价结果发布的接口。重大机遇等级输出模块主要有两个功能：第一，将预处理信息作为输入，对重大机遇进行价值评价；第二，将评价结果进行输出。重大机遇评价模型输出的结果通常是一个分值，是等级划分标准。可以预先将不同的重大机遇分值区间设定为不同的重大机遇重要性等级，当重大机遇价值评价的分值落入某个区间时，直接输出相应的重要性等级所对应的信号，本书将重大机遇的重要性划分为五个等级，具体如表 8.2 所示。

表 8.2 重大机遇重要性预报等级划分表

重要性等级	不重要	很小	一般	较大	很大
预报等级	D 级	C 级	B 级	A 级	AA 级

(3)信息反馈和预报机制修正模块。信息反馈和预报机制修正模块具有两个接口：一个接口连接着重大机遇信息输入模块，当重大机遇因素发生重要变化时，预警信息和将模块修正信息和评价结果信息输出给重大机遇信息输入模块；第二个接口连接着重大机遇等级输出模块，将重大机遇评价结果和重大机遇等级输出模块的修正信息进行输出。信息反馈和预报机制修正模块主要有两个功能：一是将重大机遇等级输出模块的评价结果反馈到重大机遇信息输入模块，作为输入变量，实现信息实时反馈；二是根据各模块输入的信息，发现模块的缺陷，及时有效地完成各模块的修正工作，达到随着环境变化而变化的目的。具体而言，创新型企业持续创新机遇预报机制模型如图 8.4 所示。

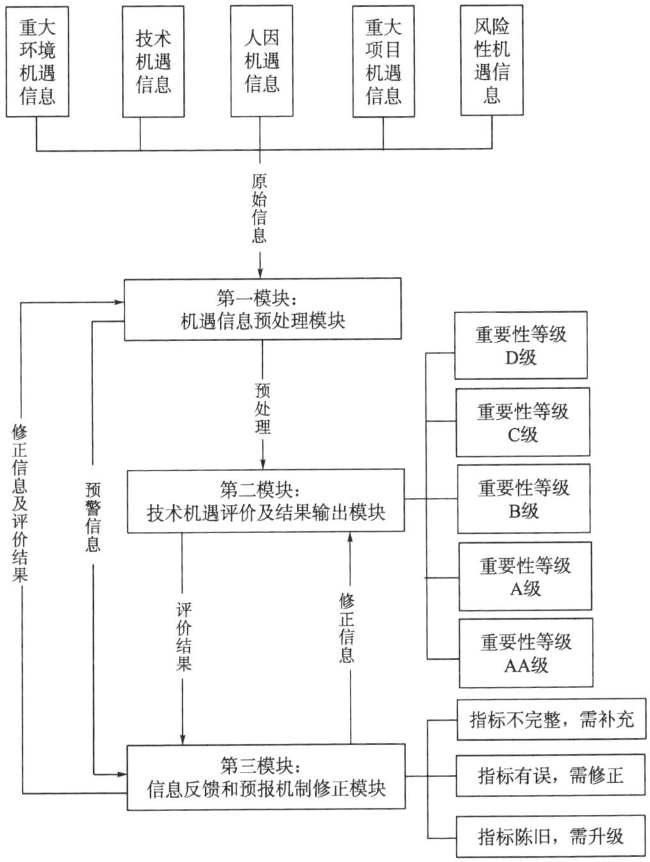

图 8.4　创新型企业持续创新机遇预报机制模型

综合而言，创新型企业持续创新机遇预报机制作为一个有机系统，高效运行需要三个模块之间紧密配合协作，使信息流不断在三个模块之间循环往复。同时，企业在实际运用中需要根据具体情况和行业特征进行修正，从而保证构建的重大机遇预报机制切实符合企业实际情况，从而提高对企业重大机遇的预报能力。

8.4 本章小结

本章主要从三个部分构建创新型企业持续创新机遇决策机制。一是从机遇决策机制组织结构与人员配备机制进行构建，通过设置若干管理层次和组织机构，明确规定他们各自的职责和职权，以及他们相互间的分工协作关系和信息沟通方式。组织结构与人员配备机制对于提高决策效率和科学性具有较大的促进与支撑作用。二是构建创新型企业持续创新重大风险预警机制。重大风险预警机制能够对重大风险因素进行实时监控，对创新型企业持续创新过程中的重大风险进行评估，并给出相应的应对措施，将重大风险尽量控制在爆发之前，以保障创新型企业持续创新的正常运行，它是创新型企业持续创新机遇决策机制的重要组成部分。三是创新型企业持续创新过程中的重大机遇预报机制。创新型企业持续创新过程中的重大机遇预报机制作为一个有机的系统，对于提高创新型企业重大机遇预报的准确率具有较大的促进作用。以上三个机制相互补充与配合，从而构建出一套相对完善的创新机遇决策机制，对于保障创新型企业持续创新系统正常运行具有重大的意义。

第 9 章 结论与展望

创新型企业持续创新机遇决策的目的是更好地把握利用创新过程的有利形势，实现创新型企业的持续创新发展。因此，研究创新型企业持续创新机遇决策模式和决策机制具有重要意义。本书从创新型企业持续创新机遇决策的重要意义入手，构建了创新型企业持续创新机遇决策识别模型、价值评价模型、对策决策模型，对影响和作用创新型企业持续创新机遇决策的影响要素进行了实证分析，构建了创新型企业持续创新机遇决策机制，从而为创新型企业持续创新机遇决策提供决策参考。

9.1 主要结论

第一，本书以持续创新、机遇管理及决策理论为基础，结合创新型企业持续创新的特点，提出创新型企业持续创新机遇概念，阐述持续机遇的形成机理，从持续创新视角研究创新型企业建设，本书的研究对于深化和完善持续创新理论，丰富和发展创新管理和机遇管理理论，补充和拓展系统工程理论和决策科学理论，具有重要的理论价值。

第二，分析创新型企业持续创新机遇决策过程，对创新企业持续创新机遇决策模式进行分析，构建了基于创新机遇的发现与识别、分析和度量、对策决策和实施决策四个阶段的机遇决策模式，形成了一套完整的创新型企业持续创新机遇决策模式。

第三，构建了创新型企业持续创新机遇识别模型。通过对相关文献的研究和实际调查，结合创新型企业持续创新的特点，对创新型企业持续创新机遇影响要素进行分析，利用 SPSS 软件中的因子分析和多元线性回归分析，对机遇因素假设集进行识别，构建出了影响企业持续创新发展的关键性机遇指标体系。

第四，构建了基于属性测度的创新型企业持续创新机遇价值评价模型。鉴于目前对机遇评价方法的研究较少，本书引入属性测度方法，该方法不仅可以度量整体机遇情况，还可以给出每一等级机遇的大小，同时对各个等级机遇起到一个先期粗略预警的效果。基于识别出的创新型企业持续创新机遇关键指标，运用属性测度对识别出的创新型企业持续创新机遇指标进行评价。

第五，构建了基于直觉模糊多属性群决策的创新型企业持续创新机遇决策对策模型。针对机遇决策问题的不确定性、模糊性等特点，本书构建了直觉模糊多属性群决策模型，该模型能够很好地对机遇决策问题进行更贴切的表述，比较适合解决创新型企业持续创新机遇决策问题。

第六，构建了创新型企业持续创新机遇决策的影响要素模型。由于影响机遇决策的要素众多，而提高企业家机遇决策能力与水平，对于创新型企业实现起着至关重要的作用。基于此，本书运用结构方程模型，设计了假设集构建模型，对研究假设进行验证，得出了创新型企业持续创新机遇决策的影响要素。

第七，构建了创新型企业持续创新机遇决策机制。文章从机遇决策机制组织结构与人员配备建设、创新型企业持续创新重大风险预警机制、创新型企业重大机遇的预报机制构建三个方面来构建创新型企业持续创新机遇决策机制。以上三个方面的相互补充与配合，构建出了相对完善的创新型企业持续创新机遇决策机制，对于创新型企业持续创新机遇的把握与利用意义重大。

9.2 政策建议

第一，落实创新驱动发展战略，大力促进创新型企业发展。党的十九大继续提出实施创新驱动发展战略，强调科技创新是提高社会生产力和综合国力的战略支撑，必须摆在国家发展全局的核心位置。当前我国许多产业仍处于全球价值链的中低端，一些关键核心技术受制于人，发达国家在科学前沿和高技术领域仍然占据明显领先优势，我国支撑产业升级、引领未来发展的科学技术储备亟待加强。适应创新驱动的体制机制亟待建立健全，企业创新动力不足，创新体系整体效能不高，经济发展尚未真正转到依靠创新的轨道上。科技人才队伍大而不强，领军人才和高技能人才缺乏，创新型企业家群体亟须发展壮大。激励创新的市场环境和社会氛围仍需进一步培育和优化。

第二，正式制度安排对于创新型企业持续创新机遇决策有重大影响，因而应促进创新型企业制度建设。制度安排对企业的影响最大，它规范了企业的行为，同时也保证了企业的自身利益。正式制度环境包括政府干预水平、产权保护水平以及地方金融发展水平三个方面。政府干预越少，法律保护水平、金融发展水平越高，企业的研发积极性越高，投入的研发资金占营业收入的比重更大。当政府减少对企业经营决策的干预，企业就有足够的自主权朝着市场原则的方向发展，降低非效率投资、增加创新投入，从而提高经济效益。政府以及政府官员的寻租行为给企业带来了沉重的税外负担，企业需要耗费大量的精力和财力处理与政府的关系。寻租行为挤压了企业的利润空间，削弱了企业的再投资能力，企业没有足够的实力进行技术升级、产品研发。

第三，非正式制度安排对于创新型企业持续创新机遇决策产生重大影响，因而应重视非正式制度对于创新型企业建设的重大作用。我国的经济处于转型期，正式制度存在很多不完善的地方，一些政府官员和企业有足够的空间通过寻租获取高额利益。正式制度的欠缺，需要非正式制度填补这一部分空白。政治关联是非正式制度中最重要的一种，市场的认可度最高。很多企业热衷于通过各种渠道搭建政府关系，通过与政府的密切接触，得到更多的机会和资源，提高产权的安全性。大量研究表明，具有政治关联的企业可以突破产权性质的限制，获得更多的银行贷款。在管制性行业的进入壁垒也较低；其绩效要比没有政治关联的企业更好。

第四，优秀企业家对于创新型企业持续创新机遇具有重要的助推作用，因而当地政府应高度重视企业家选拔、培养及任用工作建设。创新是企业生存的根本，而企业家精神是创新的前提。企业家精神是企业家在企业经营过程中形成的关于自身及其环境各个层面的思维方式和行为习惯，由过去经历积累形成并影响着对企业的管理行为，因此为提高企业创新绩效，需要对企业家精神有清晰的定位。企业家精神对企业家创新机会有着重要影响，从而对创新型企业持续创新机遇具有推动作用。

9.3 研究展望

当前机遇管理的研究还处于静态、初步阶段，尚未形成体系，现有研究还不能很好地支持和指导我国创新型企业建设。由于机遇具有稀缺性和风险伴随性，创新型企业在进行创新机遇决策时往往无从下手。同时，机遇决策研究也存在一定困难，机遇的不确定性大大增加了创新型企业持续创新机遇识别、机遇评价以及机遇决策研究的难度。因此，本书的研究还存在不足之处，还需加以改进。

第一，创新机遇的识别、评价指标以定性为主，缺少定量指标。由于机遇不确定性，在机遇的发现与识别、机遇评价过程中，所用指标都是定性指标，因而在定性指标定量化过程中容易出现偏差。因此，未来的研究中在选取创新机遇指标体系时，要适当增加定量指标，从机遇的成本、效益及发生概率等角度来考虑，从而增加机遇研究的科学合理性。

第二，在构建创新型企业持续创新机遇对策决策时，创新机遇决策方案属性集的选取过于笼统、简单，在选择创新机遇决策方案属性集时缺乏一定的针对性。由于企业发展环境及特定阶段的机遇决策目标不尽相同，因而，在未来的研究中，机遇决策属性集的选择应以企业发展实际为依据，以机遇决策目标为目的，选取合适、有针对性的属性集。

第三，创新型企业持续创新机遇决策模式及机制构建还不够深入。对于创新型企业而言，其不同规模、所处不同的环境及发展阶段，表现形式各不相同。因此，创新型企业持续创新机遇决策模式及机制构建存在一定的差别，未来可以针对企业所处的不同发展阶段，或针对不同规模的企业，构建更为有针对性的、更科学合理的创新型企业持续创新机遇决策模式及机制。

参 考 文 献

包佳妮, 周小虎, 陈莹,等.2017. 制度环境对创业认知的影响机理[J]. 科技管理研究,37(7):212-218.

曹文才,单汨源.2013. 科技型中小企业持续创新能力影响因素[J]. 北京理工大学学报(社会科学版), 15(6):70-76.

陈春明,金大伟.2006.我国创新型企业发展对策研究[J]学习与探索, (5) :195-197.

陈冬华, 胡晓莉, 梁上坤, 等.2013. 宗教传统与公司治理[J]. 经济研究, (9):71-84.

陈继光. 2011.水资源管理中的多指标灰区间数关联决策模型[J]. 数学的实践与认识, 41(17):39-43.

陈劲, 汪欢吉. 2015.国内高校基础研究的原始性创新:多案例研究[J]. 科学学研究, 33(4):490-497.

陈昆玉. 2010.创新型企业的创新活动、股权结构与经营业绩——来自中国 A 股市场的经验证据[J]. 产业经济研究, (4):49-57.

陈勇星, 李国栋, 谭浩俊. 2007. 创新型企业及其基本特征[J]. 江苏商论, (4)：108-109.

道格拉斯·C. 诺思, 张五常. 2003. 制度变革的经验研究[M]. 北京：经济科学出版社.

邓学军, 夏宏胜. 2005. 创业机会理论研究综述[J]. 管理现代化, (3):14-16.

段云龙, 刘春林, 李毅. 2013. 企业持续创新机遇管理理论研究述评[J]. 科技进步与对策, 30(3):157-160.

段云龙, 余义勇. 2016. 创新型企业持续创新过程战略风险决策模型研究[J]. 南大商学评论, 13(1):20-40.

段云龙, 赵明元, 刘春林, 等. 2011. 企业持续创新过程重大机遇管理策略及机制研究[J]. 管理世界, (9):180-181.

段云龙. 2008. 企业持续性技术创新实现的制度结构作用机理研究[D]. 昆明：昆明理工大学.

段云龙. 2010. 企业持续创新机遇及价值评价分析[J]. 华东经济管理, (6):82-84.

范拓源. 2014. 基于技术资本的二次创新与技术依附的关系考量[J]. 科技管理研究, 34(1):35-37+51.

房良钧. 2003. 机遇论[M]. 天津:天津社会科学院出版社.

高显义, 陈立文. 2011. 基于区间数层次分析法的工程项目风险评估[J]. 项目管理技术, 9(7):74-78.

葛沙沙. 2009. 物流企业信息管理研究[J]. 现代商贸工业, 21(13):24-25.

耿殿贺, 原毅军, 侯小康. 2010. 重大技术装备制造业的技术升级路径选择——基于持续创新能力视角的研究[J]. 科技进步与对策, 27(4):47-49.

耿新, 张体勤. 2010. 企业家社会资本对组织动态能力的影响——以组织宽裕为调节变量[J]. 管理世界, (6):109-121.

郭辉, 徐浩军, 周莉. 2011. 基于区间数 TOPSIS 法的空袭目标威胁评估[J]. 空军工程大学学报(自然科学版), 12(1):40-45.

何建洪, 贺昌政. 2011. 创新能力与创新型企业评价研究[J]. 管理学报, 8(2):248-253.

何显威, 赵忠华. 2003. 敏捷虚拟企业市场机遇分析与识别[J]. 商业研究, (7):7-9.

黄津孚. 2001. 机遇管理与我国企业发展机遇分析[J]. 管理世界, (5): 164-167.

黄津孚. 2004. 机遇、竞争力与企业成长[J]. 经济与管理研究, (6) :7-10.

黄津孚. 2005. 机遇管理导论[M]. 北京：首都经济贸易大学出版社.

黄津孚. 2006. 机遇和机会的语义学比较及经营决策[J]. 福建论坛(人文社会科学版), (11) :24-27.

黄津孚. 2010. 机遇及机遇管理——理论与方法[M]. 北京:科学出版社.

黄品奇. 2003. 创新性企业发展战略研究[D]. 天津：天津大学.

黄少安. 1995. 关于经济制度及其层次性的分析[J]. 当代经济制度, (2):58-60.

黄学忠. 1998. 现代企业经营机会[M]. 北京：中国财政经济出版社.

姜凤珍, 胡斌. 2015. KIBS 员工需求驱动下行为决策的模拟——基于风险偏好视角[J]. 运筹与管理, 24(1):100-107

姜黎辉, 张朋柱, 彭诗金. 2006. 技术机会识别能力与企业网络合作能力关系研究[J]. 科技进步与对策, 23(7):8-13.

姜彦福, 邱琼. 2004. 创业机会评价重要指标序列的实证研究[J]. 科学学研究, 22(1):59-63.

姜勇. 2007. 企业战略转型过程中的行业选择研究[D]. 哈尔滨：哈尔滨理工大学.

雷丙寅, 张利痒. 2002. 高科技企业机遇管理的系统分析[J]. 北京理工大学学报(社会科学版), (S1):33-36.

李保明. 1990. 技术机会与技术创新的决策[J]. 科学管理研究, (5)：61-62.

李冲, 钟昌标, 郭经纬, 等. 2016. 区域金融生态环境与企业创新能力:理论假说及空间计量检验[J]. 经济与管理, 30(3):19-27.

李桂茹, 李星洲, 陈栋, 等. 2012. 山东省创新型企业建设成效及政策措施研究[J]. 科学与管理, 32(2):47-51.

李海萍. 2004. 企业绿色持续创新的动力、能力与效益转换机制的研究[D]. 昆明：昆明理工大学.

李浩田, 周媛, 王伟光. 2009. 基于生命周期的创新型企业成长记政策研究[J]. 科技与经济, 22(3):7-10.

李平, 钱利. 2006. 中小企业技术创新的路径选择[J]. 中国乡镇企业会计, (5):80-82.

李兴宽, 向刚, 章胜平. 2009. 创新型企业建设重大风险研究[J]. 商业研究, (12):33-35.

李支东, 章仁俊. 2010. 持续创新：企业家领导下全员参与的系统工程[J]. 科技管理研究, (3)：24-26.

梁强, 李新春, 郭超. 2011. 非正式制度保护与企业创新投入——基于中国民营上市企业的经验研究[J]. 南开经济研究, (3):97-110.

林昭文, 张钢. 2004. 企业持续技术创新的实现途径分析[J]. 中国科技论坛, (1):51-55.

刘吉. 2007. 论创新型企业[J]. 中国软科学, (2)：4-7.

刘兰剑, 董雪. 2013. 国家创新体系视角下的创新型企业建设工程绩效评价[J]. 工业技术经济, 32(1):90-101.

刘立. 2006. 创新型企业及其成长研究[D]. 大连：东北财经大学.

陆铭, 李爽. 2008. 社会资本、非正式制度与经济发展[J]. 管理世界, (9):161-165.

陆瑶, 胡江燕. 2014. CEO 与董事间的“老乡”关系对我国上市公司风险水平的影响[J]. 管理世界, (3):131-138.

罗文军, 顾宝炎. 2007. 识别市场机会——企业家的认知过程机制[J]. 学术论坛, (4):105-108.

罗亚非, 孟韬, 张杰军, 等. 2010. 我国创新型试点企业创新能力差异分析[J]. 科学学与科学技术管理, 31(12):23-28 .

吕一博, 程露, 苏敬勤. 2013. “资源导向”的企业网络行为:一个社会网络视角的分析框架[J]. 管理学报, 10(1):70-76.

南江霞, 李登峰, 张茂军. 2008. 直觉模糊多属性决策的 TOPSIS 法[J]. 运筹与管理, 17(3):34-37.

聂相田, 樊怡. 2012. 基于多目标智能加权灰靶决策的水库移民安置区优选[J]. 华北水利水电学院学报,

33(1):138-140.

诺斯. 1994. 制度、制度变迁与经济绩效[M]. 上海: 上海三联书店.

潘松挺, 郑亚莉. 2011. 网络关系强度与企业技术创新绩效——基于探索式学习和利用式学习的实证研究[J]. 科学学研究, 29(11): 1736-1743.

庞艳桃. 2010. 企业持续创新体系运行机制研究——以海尔为例[J]. 科技进步与对策, 27(18): 74-76.

彭运芳, 朱满红. 2013. 创业机会理论研究综述[J]. 价值工程, 32(29):321-322.

浦根祥, 周志豪. 1998. 从技术生命周期看企业“技术机会”选择[J]. 自然辩证法研究, (6):48-50.

钱锡红, 申曙光. 2011. 非正式制度安排的老年人养老保障:解析社会网络[J]. 改革, (9):137-142.

乔丽平, 潘健, 沈学静. 2016. 管理创新对企业发展的重要性[J]. 企业改革与管理, (9):20+28.

邵君利, 涂建明, 刘春晖. 2013. 江苏省创新型企业建设优化发展探析[J]. 江苏行政学院学报, (6):49-52.

石春生, 梁洪松. 2006. 组织创新的渐变与突变[J]. 企业管理, (1):87-88.

苏敬勤, 李召敏, 吕一博. 2011. 管理创新决策的三层面-三维度关系分析[J]. 科学学与科学技术管理, 32(3):50-56.

苏敬勤, 林海芬. 2012. 认知偏差视角的管理创新引进机制实证研究[J]. 管理学报, 9(11):1653-1660.

苏敬勤, 林海芬. 2013. 基于核心管理者的管理创新三维引进决策模型构建[J]. 管理评论, 25(4):103-114.

孙青春. 2008. 企业可持续创新的实现机理研究[D]. 昆明：昆明理工大学.

唐之彦. 2005. 管理创新在社会要素改良中的作用[J]. 南宁：广西大学.

特雷斯・E. 迪尔, 阿伦・A. 肯尼迪. 1989. 企业文化:现代企业的精神支柱[M]. 上海：上海科学技术文献出版社.

万希. 2006. 创新型企业的人力资源构成[J]. 科学管理研究, (6):95-99.

汪应洛, 向刚. 2004. 企业持续创新机遇分析[J]. 昆明理工大学学报, (6): 127-128.

王大洲. 2000. 制度安排与持续创新[J]. 科研管理, 21(3):1-5.

王吉武, 黄鲁成, 卢文光. 2008. 基于形态分析和联合分析方法的技术机会评价实证研究[J]. 上海经济研究, (5):66-72.

王茂祥, 卢锐. 2014. 企业创新过程管理及其与战略管理相结合的要素分析[J]. 现代管理科学, (3):106-108.

王文亮, 冯军政. 2006. 企业持续创新能力内涵与特征分析[J]. 技术经济, (11):70-73+115.

王正新, 党耀国, 裴玲玲, 等. 2010. 基于累积前景理论的多指标灰关联决策方法[J]. 控制与决策, 25(2):232-236.

威廉・大内. 2007. Z 理论[M]. 朱雁斌, 译. 北京:机械工业出版社.

巫英, 向刚, 杨一杰. 2010. 基于 HHM 的企业持续创新过程中的经营者人因风险识别研究[J]. 科技进步与对策, 27(14):68-72.

巫英, 向刚. 2013. 企业持续创新过程的重大风险管理机制研究[J]. 科技进步与对策, 30(1):88-91.

吴运建, 孙成访, 肖莉莎, 等. 2008. 创新型企业建设的必要性研究[J]. 中国市场, (52):82-83.

伍晓强, 史云娣, 庄云翔. 2012. 建设创新型企业的对策研究[J]. 价值工程, 31(30):126-127.

伍装. 2011. 非正式制度论[M]. 上海：上海财经大学出版社.

夏保华. 2002. 论企业持续技术创新的结构[J]. 科学学研究, 20 (5):534-538.

夏冬, 程家明. 2005. 创新型企业的产权激励：基于创新资源均衡的分析[J]. 技术经济与管理研究, (5):45-46.

向刚, 李兴宽, 章胜平. 2009. 创新型企业评价指标体系研究[J]. 科技管理研究, 29(6):122-124+130.

向刚, 李振国, 董建华, 等. 1997. 持续创新:玉溪卷烟厂发展之路[J]. 管理工程学报, (S1):45-51.

向刚，施瑜娇，段云龙，等. 2013. 创新型企业战略转型期重大环境风险的机遇决策分析研究[J]. 经济问题探索，(10)：82-86.

向刚，汪应洛. 2004. 企业持续创新动力机制研究[J]. 科研管理, 25(6):108-114.

向刚，熊觅，李兴宽，等. 2011. 创新型企业持续创新绩效评价研究[J]. 科技进步与对策, 28(8):119-123.

向刚. 1997. 企业技术创新过程的效益定量评价:思路，方法及其应用[J]. 经济问题探索, (9) :14-16.

向刚. 1998. 企业持续创新的概念与效益定量评价方法探讨[J]. 云南工业大学学报, (1):1-4.

向刚. 2005. 企业持续创新:理论研究基础、定义、特性和基本类型[J]. 科学学研究, (1):134-138.

肖洪钧，丁文林. 2005. 企业机遇管理的理论模型与核心流程[J]. 科技与管理, (6)：19-22.

谢洪明，刘常勇，李晓彤. 2002. 知识管理战略、方法及其绩效研究[J]. 管理世界, (10):85-92+101.

解进强，程艳. 2015. 基于行为决策理论的企业机遇决策过程分析[J]. 企业管理, (14):104-105.

解进强. 2007. 企业机遇决策过程及其影响要素研究[D]. 北京：首都经济贸易大学, .

解进强. 2009. 企业文化对机遇决策影响的分析[J]. 商业研究, (7):52-54.

薛云建. 2010. 用持续创新破解企业发展宿命(上)——以海尔为例[J]. 企业研究, (7):18-21.

杨桂菊，夏冰. 2016. 被误解的创新:不完全模仿创新文献综述[J]. 外国经济与管理, 38(8):15-26.

杨江，戴林. 2000. 中国企业家精神与企业家行为理性化[J]. 管理世界, (5):116-121.

杨伟，刘益，沈灏，等. 2011. 管理创新与营销创新对企业绩效的实证研究——基于新创企业和成熟企业的分类样本[J]. 科学学与科学技术管理, 32(3):67-73.

杨小玲. 2012. 多属性决策分析及其在洪灾风险评价中的应用研究[D]. 武汉：华中科技大学.

杨栩，周瑜. 2011. 基于和谐管理的企业持续创新实现模式研究[J]. 中国科技论坛, (7): 64-68

野中郁次郎. 1999. 知识创新型企业・知识管理[M]. 杨开峰，等译.北京：中国人民大学出版社.

尹志勇. 2004. 创业机会的识别与把握——远景兴业公司成长模式研究[D]. 北京：清华大学.

于绥生. 2015. 原始创新的持续动力问题研究[J]. 管理学刊, 28(5): 51-54.

远德玉，李兆友，夏保华. 2001. 企业创新论[M]. 济南:山东教育出版社.

约瑟夫・熊彼特. 1991. 经济发展理论[M]. 何畏，等译. 北京:商务印书馆.

张赤东. 2010. 推进创新型企业建设的目标与举措[J]. 科技创新与生产力, (8):13-16.

张海波，李纪珍，余江，等. 2013. 创新型企业：概念、特征及其成长[J]. 技术经济, 32(12):15-20, 39.

张红娟，谭劲松. 2014. 联盟网络与企业创新绩效:跨层次分析[J]. 管理世界, (3):163-169.

张洪兴，耿新. 2010. 企业家社会资本对企业成长经营绩效的作用与影响[J]. 山东理工大学学报(社会科学版), 26(2):14-19.

张良. 2000. 创新型企业发展的成功经验及其启示[J]. 华东理工大学学报：会科学版, (3):33-40.

张茉楠，李汉铃. 2005. 基于资源禀赋的企业家机会识别之框架分析[J]. 管理世界, (7):158-159.

张市芳. 2012. 几种模糊多属性决策方法及其应用[D]. 西安：西安电子科技大学, .

张树明，张新. 2014. 政策法律环境对中小型科技企业成长影响的实证[J]. 山东大学学报(哲学社会科学版), (1):103-110.

张炜，张世龙. 2008. 创新型企业的组织创新性结构关系模型检验[J]. 科学学与科学技术管理, (8):73-76.

张英彦. 2016. 心理因素对中小企业管理者决策风格的影响研究[M]. 合肥：合肥工业大学出版社.

张应语, 李志祥. 2009. 基于管理风险偏好量表的管理风险偏好实证研究——以大型国有企业管理人员为例[J]. 中国软科学, (4):175-184

章玲, 周德群. 2007. 基于 Choquet 积分的层次多属性决策方法研究[J]. 南京航空航天大学学报, (6):824-828.

赵道致, 纪方. 2011. 低碳经济下企业生存的组织结构优化研究[J]. 西安电子科技大学学报(社会科学版), 21(2):25-30.

赵明元. 2011. 商业银行持续创新实现机理研究[D]. 昆明：昆明理工大学.

赵喜利, 向刚, 孟春雨. 2006. 企业绿色持续创新的企业家激励机制——从制度激励层面分析[J]. 科技信息, (S4):98-98.

赵向阳. 2009. 华夏科创：机遇识别和开发[J]. 管理案例研究与评论, 2(2):120-124.

郑刚. 2006. 全面协同创新:迈向创新型企业之路[D]. 北京：科学出版社.

中国企业家调查系统. 2009. 企业经营者对企业家精神的认识与评价——2009 年中国企业经营者成长与发展专题调查报告[J]. 管理世界, (6) :91-101.

周虹, 葛立群. 2001. 在变化的市场营销环境中寻找机会[J]. 新农业, (6):10-11.

周正祯. 2007. 工艺创新对企业发展的重要性[J]. 民营科技, (9): 91+101.

Alexander A, Richard C, Sourav R. 2003. A theory of entrepreneurial opportunity identification and development [J]. Business venturing, 18(1):105-123

Alvarez S A, Barney J B. 2007. Discovery and creation: alternative theories of entrepreneurial action [J]. Strategic Entrepreneurship Journal, 1(1 - 2):11–26.

Alvarez S, Barney J B. 2007. Toward a creation theory of entrepreneurial opportunity formation [J]. Strategic Entrepreneurship Journal, 1.

Andersson S, Evers N. 2015. International opportunity recognition in international new ventures—a dynamic managerial capabilities perspective [J]. Journal of International Entrepreneurship, 13 (3):1-17.

Angel D. 1994. Restructuring for Innovation: The Remarking of the US [M]. Semiconductor Industry.

Ardichvili A, Cardozo R, Sourav R. 2003. A theory of entrepreneurial opportunity identification and development [J]. Journal of Business Venturing, 18(1):105-123.

Atanassov K T. 1986. Fuzzy Sets and Systems [J]. Elsevier North-Holland, 20(1):87 - 96.

Baccara M. 2007. Bargaining over new ideas: the distribution of rents and the stability of innovative firms [J]. Journal of the European Economic Association, (6):1095-1129.

Baldi F, Baglieri D, Corea F. 2015. Balancing risk and learning opportunities in corporate venture capital investments: evidence from the biopharmaceutical industry [J]. Entrepreneurship Research Journal, 5(3):221-250.

Baron R A. 2006. Opportunity recognition as pattern recognition: how entrepreneurs "connect the dots" to identify [J]. Academy of Management Perspectives, (2):104-119.

Bavarsad B, Kayedian A, Mansouri Z. 2014. Studying the effect of social capital and technological opportunities on innovation with the mediator role of knowledge absorptive capacity [J]. International Journal of Operations & Logistics Management, 3(4):302-311.

Becker W, Peters J. 2005. Innovation effects of science-related technological opportunities: theoretical considerations and empirical findings for firms in the German manufacturing [J]. Jahrbücher Für Nationalökonomie Und Statistik, 225 (2):130-150.

Bessant J, Tidd J. 2011. Innovation and entrepreneurship (second edition) [J]. Clinical Nurse Specialist, 21 (1):16-21.

Best M. 2001. New Competitive Advantage: the Renewal of American Industry [M]. Oxford: Oxford University Press Premium, .

Bourgault M, Daoudi J. 2014. Innovation projects conducted by distributed teams: the impact of key team characteristics on collaboration [J]. Journal of Innovation Economics & Management, 13 (1):37.

Brook J W, Pagnanelli F. 2014. Integrating sustainability into innovation project portfolio management – a strategic perspective [J]. Journal of Engineering & Technology Management, 34 (5):46-62.

Brown L, Eisehnardt K M. 2001. The art of continuous change: liking complexity theory and time-Paced evolution in relentlessly shifting organizations [J]. Administrative Science Quarterly, 1:1-34.

Burch J G. 1986. Entrepreneurship [M]. Hoboken: John Wiley & Sons.

Butler J E, Doktor R, Lins F A. 2010. Linking international entrepreneurship to uncertainty, opportunity discovery, and cognition [J]. Journal of International Entrepreneurship, 8 (2):121-134.

Butler J E, Doktor R, Lins F A. 2010. Linking international entrepreneurship to uncertainty, opportunity discovery, and cognition [J]. Journal of International Entrepreneurship, 8 (2):121-134.

Cakar N D, Erturk A. 2010. Comparing innovation capability of small and medium-sized enterprises: examining the effects of organizational culture and empowerment [J]. Journal of Small Business Management, 48 (3): 325-359. .

Camelo-Ordaz C. 2008. Top management team' s tension and human resources management practices in innovative Spanish companies [J]. International Journal of Human Resource Management, 19 (4):620-638.

Carroll R. 2016. Identifying risks in the realm of enterprise risk management [J]. Journal of Healthcare Risk Management the Journal of the American Society for Healthcare Risk Management, 35 (3):24-30.

Cecere G, Corrocher N, Gossart C, et al. 2014. Technological pervasiveness and variety of innovators in Green ICT: A patent-based analysis [J]. Research Policy, 43 (10):1827-1839.

Coase R H. 1960. The problem of social cost [J]. Journal of Law and Economics, 3 (4):1-44.

Comelli M, Féniès P, Tchernev N. 2007. A combined financial and physical flows evaluation for logistic process and tactical production planning: Application in a company supply chain [J]. International Journal of Production Economics, 112 (1): 77-95.

Corner P D, Ho M. 2010. How opportunities develop in social entrepreneurship[J]. Entrepreneurship Theory and Practice, 34 (4):635-659.

Corner P D. 2010. How opportunities develop in social entrepreneurship [J]. Entrepreneurship Theory & Practice, 34 (4):635-659.

Damanpour F, Szabat K A, Evan W M. 1989. The relationship between types of innovation and organizational performance [J]. Journal of Management Studies, 26:587–602.

Dean D G, Braito R, Powers E A, et al. 2010. Cultural contradictions and sex roles revisited: a replication and a reassessment [J]. Sociological Quarterly, 16 (2):207-215.

Denison D R, Haaland S, Goelzer P. 2004. Corporate culture and organizational effectiveness: is Asia different from the rest of the world? [J]. Organizational Dynamics, 33(1):98-109.

Dimitratos P, Johnson J E, Plakoyiannaki E, et al. 2016. SME internationalization: How does the opportunity-based international entrepreneurial culture matter? [J]. International Business Review, 25(6):1211-1222.

Dosi G. 1988. Sources, Procedures and microeconomic effects of innovation [J]. Journal of Economic Literature, 26:1120-1171.

Douglas M T, Wildavsky A B. 1982. Risk and Culture: An Essay on the Selection of Technical and Environmental Dangers [M]. California: University of California Press.

Drucker P F. 1973. Management: Tasks, Responsibilities, Practices [M]. New York: Harper & Row.

Dundon E, Pattakos A N. 2001. Leading the innovation revolution: will the real spartacus stand up? [J]. Journal for Quality & Participation.

Eckhardt J T, Shane S A. 2003. Opportunities and entrepreneurship [J]. Journal of Management, 29(3):333-349.

Enos J L. 1962. Invention and innovation in the petroleum refining industry [J]. National Bureau of Economic Research, 27(8)： 786-790.

Eva W L L. 2015. Opportunity recognition framework: exploring the technology entrepreneurs [J]. American Journal of Economics, 5(2):105-111.

Fey C F, Denison D R. 2003. Organizational culture and effectiveness: can american theory be applied in russia? [J]. Organization Science, 14(6):686-706.

Fischer J M, Amekudzi A. 2011. Quality of life, sustainable civil infrastructure, and sustainable development: strategically expanding choice [J]. Journal of Urban Planning & Development, 137 (1):39-48.

Forlani D, Mullins J W. 2000. Perceived risks and choices in entrepreneurs' new venture decisions [J]. Journal of Business Venturing, 15(4):305-322.

Freeman C. 1973. A Study of Success and Failure in Industrial Innovation [M]. UK：Palgrave Macmillan UK.

Freeman C. 1982. The economics of industrial innovation [J]. Social Science Electronic Publishing, 7(2):215-219.

Freeman C. 1992. The Economics Industrial Innovation [M]. Massachusetts: The MIT Press.

Gaglio C M, Katz J A. 2001. The psychological basis of opportunity identification: entrepreneurial alertness [J]. Small Business Economics, 16(2):95-111.

Gaglio C M, Taub R P. 1992. Entrepreneurs and opportunity recognition [J]. In Frontiers of Entrepreneurship Research.

George N M, Parida V, Lahti T, et al. 2014. A systematic literature review of entrepreneurial opportunity recognition: insights on influencing factors [J]. International Entrepreneurship & Management Journal, 12:1-42.

Girardin R, Vermard Y, Thébaud O, et al. 2015. Predicting fisher response to competition for space and resources in a mixed demersal fishery [J]. Ocean & Coastal Management, 106:124-135.

Graham B, Dodd D L. 1934. Security Analysis: Principles and Technique [M]. New York:McGraw-Hill.

Graham J R, Harvey C R, Puri M. 2015. Capital allocation and delegation of decision-making authority within firms [J]. Journal of Financial Economics, 115(3):449-470.

Grewal R, Tansuhaj P. 2001. Building organizational capabilities for managing economic crisis: the role of market orientation and strategic flexibility [J]. Journal of Marketing, 65 (2) :67-80.

Hair J F, Anderson R E, Babin B J, et al. 2010. Multivariate Data Analysis: A Global Perspective [M]. New Jersey : Upper Saddle River.

Hajizadeh A, Zali M. 2016. Prior knowledge, cognitive characteristics and opportunity recognition [J]. International Journal of Entrepreneurial Behavior & Research, 22 (1) :63-83.

Halsius F, Löchen C. 2016. Assessing technological opportunities and threats: an introduction to technology forecasting [J]. Luleå Tekniska Universitet.

Hartmann A. 2006. The role of organizational culture in motivating innovative behaviour in construction firms [J]. Construction Innovation, 6 (3) :159-172.

Haynie J M, Shepherd D A, McMullen J S. 2009. An opportunity for me? The role of resources in opportunity evaluation decisions [J]. Journal of Management Studies, 46 (3) : 337-361.

Hiatt S R, Sine W D, Tolbert P S. 2009. From pabst to pepsi: the deinstitutionalization of social practices and the creation of entrepreneurial opportunities [J]. Administrative Science Quarterly, 54 (4) :635-667.

Hsee C K, Zhang J, Yu F, et al. 2003. Lay rationalism and inconsistency between predicted experience and decision [J]. Journal of Behavioral Decision Making, 16 (4) :257-272.

Hsieh C, Nickerson J A, Zenger T R. 2007. Opportunity discovery, problem solving and a theory of the entrepreneurial firm [J]. Journal of Management Studies, 44 (7) :1255–1277.

Huijbens E H, Hjalager A M, Björk P, et al. 2008. Chapter 4–Sustaining creative entrepreneurship : the role of innovation systems [J]. Tourism & Entrepreneurship, 3 (1) :55-74.

Hulbert B, Gilmore A, Carson D. 2015. Opportunity recognition by growing SMEs: a managerial or entrepreneurial function? [J]. Journal of Strategic Marketing, 23 (7) :1-27.

Huovinen S, Pasanen M. 2010. Entrepreneurial and management teams: what makes the difference? [J]. Journal of Management & Organization, 16 (3) :436-453.

Iansiti M, West J. 1997. Technology integration: turning great research into great products [J]. Harvard Business, 75 (4) : 1-29.

Ivascu L, Cioca L I. 2014. Opportunity risk: integrated approach to risk management for creating enterprise opportunities [J]. International Conference on Psychology.

Jacques C. 1993. Corporate culture: cognitive aspects [J]. Industrial and Corporate Change, (3) :351-386.

Jahanshahloo G R, Lotfi F H, Izadikhah M. 2006. Extension of the TOPSIS method for decision-making problems with fuzzy data [J]. Journal Applied Mathematics and Computation, 181 (2) :1544-1551.

Josef I, Allers A, Simon R A. 1947. Administrative Behavior, Decision-making Processes [M]. New York : The Macmillan Co.

Kahneman D. 2010. Commentary: judgment and decision making: a personal view [J]. Psychological Science, 2 (3) :142-145.

Kannebley S, Porto G S, Pazello E T. 2005. Characteristics of Brazilian innovation firms: an empirical analysis based on PINTEC—industrial research on technological innovation [J]. Research Policy, 34 (6) :872-893.

Kirzner I M. 1979. Entrepreneurship, choice, and freedom [J]. Jahrbuch für die Ordnung von Wirtschaft und Gesellschaft, 30:245-256.

Kirzner I M. 1997. Entrepreneurial discovery and the competitive market process: an Austrian approach [J]. Journal of Economic Literature, 35(1)： 60-85.

Klevorick A K, Levin R C, Nelson RR, et al. 1995. On the sources and significance of interindustry differences in technological opportunities [J]. Research Policy, 15(2):185-205.

Koning A J D, Muzyka D F. 1999. Conceptualizing opportunity Recognition as a Socio-Cognitive Process [C]. Centre for Advanced Studies in Leadership.

Kontinen T, Ojala A. 2011. Network ties in the international opportunity recognition of family SMEs [J]. International Business Review, 20(4):440-453.

Kotler P. 1985. Marketing Management: Analysis, Planning, Implementation and Control [M]. New Jersey : Prentice Hall College Div.

Kraus N, Malmfors T, Slovic P. 1992. Intuitive toxicology: expert and lay judgments of chemical risks [J]. Risk Analysis, , 12(2):198-201.

Kumpe T, Bolwijn P T. 1994. Toward the innovation firm—challenge for R&D management [J]. Research Technology Management, 37(1)： 38-44.

Laine M K, Tahtinen P O, Huovinen P, et al. 2011. Symptoms or symptom-based scores cannot predict acute otitis media at otitis-prone age [J]. Pediatrics, 125(5):1154-1161.

Lazonick W. 2002. The theory of innovative enterprise [C]. International encyclopedia of business and management. London: Thomson Learning.

Lazonick W. 2003. The Theory of the Market Economy and the Social Foundations of Innovation Enterprise in Economic and Industrial Democracy [M]. New Jersey: Sage publication Ltd.

Lazonick W. 2007. The theory of the market economy and the social foundations of innovative enterprise [J]. Industrial and Corporate Change, 16(6)： 9-44.

Lazonick W. 2010. The Chandlerian corporation and the theory of innovative enterprise [J]. Industrial and Corporate Change, 19(2):317-349.

Learned E P. 1965. Business Policy: Text and Cases [M]. Homewood: Irwin.

Lefebvre L A, Lefebvre E. 1998. The innovative business firm in Canada: an empirial study of CAD/CAM firm [J]. International Labour Review, 127(4).

Lindsay N J, Craig J B. 2002. A framework for understanding opportunity recognition: entrepreneurs versus private equity financiers [J]. Journal of Private Equity, 6(1):13-24.

Longenecker J, Moore C, William J. 1986. Small Business Management [M]. Hoboken: John Wiley & Sons. , (12):179-193.

Lumpkin G T, Dess G G. 1996. Clarifying the entrepreneurial orientation construct and linking it to performance [J]. Academy of Management Review, 21(1)： 135-172.

Lynn G. 1999. Animate Form [M]. Princeton:Princeton Architectural Press.

Mahemba C M, Brujin E J D. 2003. Innovation activities by small and medium-sized manufacturing enterprises in Tanzania [J]. Creativity and Innovation Management, 12 (3):162-173. .

Makama A A, Abdul M, Sambasivan M. 2016. Antecedents of entrepreneurial processes of causation and opportunity recognition in building material retail trade in nigeria [J]. Mediterranean Journal of Social Sciences, 7(3):66-79.

Mansfield E. 1971. The Economics of Technological Change [M]. New York:W. W. Norton and Company.

Mcgrath C A, Pate L E, Gray E R. 2006. Getting wired for innovation: an analysis of the advice networks of software entrepreneurs [J]. International Journal of Organizational Analysis, 14(4):317-330.

Meyer M H. 1997. Revitalize your product lines through continuous platform renewal research [J]. Technology Management, 14(6): 520-521.

Miner A S, Bassoff P, Moorman C. 2001. Organizational improvisation and learning: a field study [J]. Adim. Sci. Quart, 46(2):304-337.

Nelson R R. 1991. Why do firms differ and how does it matter? [J]. Strategic Management Journal, 12(S2):61-74.

Nicolaou N, Shane S, Cherkas L, et al. 2008. Regulator focus and new venture performance: a study of entrepreneurial opportunity exploitation under conditions of risk versus uncertainty [J]. Strategic Entrepreneurship Journal.

Nikraftar T, Hosseini E. 2014. Dominant concourse about important barriers to promoting coordination in Iranian government machinery [J]. Transforming Government People Process & Policy, 8 (3):357-373.

North D C. 1982. Structure and Change in Economic History [M]. New York:W. W. Norton & Company.

Nussbaum B, Berner R, Brady D. 2005. How to build the innovative enterprise [N]. Business-Week.

O' Sullivan M. 2000. The innovative enterprise and corporate governance [J]. Cambridge Journal of Economics, 24(4):393-416. .

Ohsawa Y. 2001. A Scope of chance Discovery [C]. AAAI International Workshop on CD, .

Olsson R. 2007. In search of opportunity management: is the risk management process enough [J]. International Journal of Project Management, 25(8): 75-752.

Parboteeah K P. 2014. National rates of opportunity entrepreneurship activity: insights from institutional anomie theory [J]. Entrepreneurship Theory & Practice, 38(4):775-806.

Pak T N. 2004. The learning organization and the innovative organization [J]. Human Systems Management, 315(1): 102-105.

Pathak S, Muralidharan E. 2016. Informal institutions and their comparative influences on social and commercial entrepreneurship: the Role of in-group collectivism and interpersonal trust [J]. Journal of Small Business Management, 54(S1):168-188.

Patricia C. 2010. What do Clients and Employers Value in Their Veterinary [M]. The Veterinary Nurses' Council of Australia.

Patzelt H, Shepherd D A. 2011. Recognizing opportunities for sustainable development [J]. Entrepreneurship Theory & Practice, 35(4):631–652.

Peng M W, Chen H. 2009. The institution-based view as a third leg for a strategy tripod [J]. Academy of Management Perspectives, 23(3):63-81.

Peng M W. 2001. How entrepreneurs create wealth in transition economics [J]. Academy of management Executive, 15(1):95-110.

Penrose E. 1959. The Theory of the Growth of the Firm [M]. Oxford ：Oxford University Press.

Poincaré H. 1969. Intuition and Logic in Mathematics [J]. Math Teacher, (3).

Porter M. 1996. What is strategy? [J]. Harvard Business Review, 74(6):61-78.

Prahalad C K, Hamel G. 1990. The core competence of the corporation [J]. Harvard Business Review, 68(3):275-292.

Quinn R E, Cameron K. 1983. Organizational lifecycles and shifting criteria of effectiveness: some preliminary evidence [J]. Management Science, 29 (1):33-51.

Rundmo T, Nordfjærn T. 2017. Does risk perception really exist [J]. Safety Science, 93:230-240.

Sabatini F. 2007. The empirics of social capital and economic development: a critical perspective [J]. Social Science Electronic Publishing, 17(1):2-13.

Sadovykh V, Sundaram D, Piramuthu S. 2015. Do online social networks support decision-making [J]. Decision Support Systems, 70:15-30.

Sahal D. 1985. Technological guideposts and innovation avenues [J]. Resraech Policy, 14:61-82.

Scherer S. 1999. Physics Opportunities at RHIC and LHC [M]. Stefan Scherer.

Schumpeter J A. 1934. The Theory of Economic Development [M]. Cambridge, MA: Harvard University Press.

Shane S, Venkataraman S. 2000. The promise of entrepreneurship: as a field of research [J]. Academy of Management Review, 25(1):217-226.

Shon R H, Wesley D S, Pamela S T. 2009. From pabst to pepsi: the deinstitutionalization of social practices and the creation of entrepreneurial opportunities[J]. Administrative Science Quarterly, 54(4):635-667.

Shrestha B K. 2015. Business Opportunity recognition and development process: a study of nepalese entrepreneurs [J]. South Asian Journal of Management, 22(4):7.

Simon M, Houghton S M, Aquino K. 2000. Cognitive biases, risk perception, and venture formation: How individual decide to start companies [J]. Journal of Business Venturing, 15(2):113-134.

Singh R P, Hills G E, Lumpkin G T, et al. 1999. Examing the Role of self-perceived entrepreneurial alertness in the opportunity recognition process [J]. Presented at the 13th UIC/AMA Symposium on Marketing and Entrepreneurship Interface, 1999(1):G1-G6.

Slovic P, Fischhoff B, Lichtenstein S. 2010. Why study risk perception [J]. Risk Analysis, 2(2):83-93.

Slovic P, Peters E. 2006. Risk perception and affect [J]. Current Directions in Psychological Science, 15(6):322-325.

Solow R. 1956. A contribution to the theory of economy growth [J]. Quarterly Journal of Economics, 70(1):65-94.

Soosay Elt A C. 2005. Developing organizational Capacities: a strategic approach to continuous innovation [R]. Proceeding of 6th International CINet Conference.

Stephan U, Uhlaner L M, Stride C. 2015. Institutions and social entrepreneurship: The role of institutional voids, institutional support, and institutional configurations [J]. Journal of International Business Studies, 46(3):308-331.

Stevenson H, Roberts M, Grousbeck H I. 1994. New business ventures and the entrepreneur [J]. Strategic Management Journal, 4:17–27.

Sullivan-Wiley K A, Gianotti A G S. 2017. Risk perception in a multi-hazard environment [J]. World Development, 97:138-152.

Takac C, Hinz O, Spann M. 2011. The social embeddedness of decision making: opportunities and challenges [J]. Electronic Markets, 21 (3) :185-195.

Tian Z R, Browne M J, Gründl H. 2010. Don' t they care? Or, are they just unaware? Risk perception and the demand for long-term care Insurance [J]. Journal of Risk & Insurance, 77 (4) :715-747.

Tidd J, Bessant J R, Pavitt K. 2001. Managing Innovation: Integrating Technological, Market, and Organizational Change [M]. 2nd edition. Hoboken:John Wiley & Sons.

Tidd J. 2001. From knowledge management to strategic competence: measuring technological, market and organizational innovation [J]. Bottom Line, 14 (2) :452.

Timmons J A. 1999. New Venture Creation: Entrepreneurship for the 21st Century[M]. 5th edition New York:McGraw-Hill.

Torres J P, Kunc M H. 2016. Market opportunity recognition in the Chilean wine industry: traditional versus relational marketing approaches [J]. Journal of Wine Research, 27 (1) :19-33.

Turró A, Urbano D, Peris-Ortiz M. 2014. Culture and innovation: the moderating effect of cultural values on corporate entrepreneurship [J]. Technological Forecasting & Social Change, 88:360-369.

Uddin M R. 2016. Opportunity recognition process of immigrant entrepreneurs in Sweden [D]. Sweden :Linnæus University of Sweden.

Upson J W, Damaraju N L, Anderson J R. 2017. Strategic networks of discovery and creation entrepreneurs [J]. European Management Journal, 35 (2) :198-210.

Utterback J M. 1996. Mastering the Dynamics of Innovation: How Companies Can Seize Opportunities in the Face of Technological Change [M]. HBS Press Book.

Wang Y, Ellinger A D, Wu Y J. 2013. Entrepreneurial opportunity recognition: an empirical study of R&D personnel [J]. Management Decision, 51 (1-2) : 248-266.

Wasserman S, Faust K. 2016. Social network analysis: methods and applications. [J]. Contemporary Sociology, 91 (435) :219-220.

William E C. 2001. How 3M innovative for long-term growth [J]. Research Technology Management, 44 (2) :21-24.

Wirth S, Markard J, Truffer B. 2013. Informal institutions matter: professional culture and the development of biogas technology [J]. Environmental Innovation & Societal Transitions, 8 (8) :20-41.

Witt M A, Redding G. 2009. Culture, meaning, and institutions: executive rationale in Germany and Japan [J]. Journal of International Business Studies, 40 (5) :859-885.

Wood M S, Williams D W. 2014. Opportunity evaluation as rule-based decision making [J]. Journal of Management Studies, 51 (4) :573–602.

Wu C W, Huarng K H. 2015. Global entrepreneurship and innovation in management [J]. Journal of Business Research, 68 (4) :743-747.

Yoon B, Park Y. 2005. A systematic approach for identifying technology opportunities: keyword-based morphology analysis [J]. Technological Forecasting & Social Change, 72 (2) :145-160.

Zadeh L A. 1965. Fuzzy sets[J]. Information and Control, 8 (3) :338-353.

Zahra S A. 1996. Governance, ownership, and corporate entrepreneurship: the moderating impact of industry technological opportunities [J]. Academy of Management Journal, 39 (6) :1713-1735.

Zeng H, Zhang T, Chen H. 2016. The empirical study on promoting mechanism of agricultural leading enterprise integrated innovation to export competitiveness [J]. Science & Technology Management Research, 2:7-13.

Zhao S, Yu H, Xu Y. 2014. Relationship-specific Investment, value creation, and value appropriation in cooperative innovation [J]. Information Technology and Management, 15 (2) :119-130.

附录A 创新型企业持续创新过程关键机遇指标识别问卷

本研究是关于创新型企业持续创新过程关键机遇指标识别的问题，此次调查的目的是判断下列机遇因素对于我国创新型企业持续创新发展是否重要，采用五分制李克特量表对重要性进行打分，1—极不重要，2—不重要，3—一般，4—重要，5—极其重要。

专家类别(企业领导，国内学者，技术人员，国外学者，其他)(打钩)

附表1 创新型企业创新过程关键机遇因素

机遇类型	机遇因素	机遇来源	得分
重大环境机遇	政策、法律机遇	政策和法规等的变动、更改等带来	
	金融机遇	由利率、股价等变动引起	
	市场机遇	由市场波动及行业发生变化等引起	
	原材料资源机遇	产品原材料是否易得及价格波动引起	
	生态环境机遇	对于生态环境的追求及越来越重视	
	管理资源机遇	较强的企业管理运营团队	
	技术资源机遇	由实际生产中的技术实施条件等引起	
	市场资源机遇	由产业价值链顺利实现带来的企业发展机会	
	资产资源机遇	资产富足，能够抓住别人没能力利用的机会	
技术机遇	模仿创新机遇	由技术创新的适应性带来的机遇	
	原始创新机遇	项目创新的技术可复制、移植性等	
	合作创新机遇	技术互补、相互借鉴带来的机遇	
	二次创新机遇	技术引进基础上再次创新带来的	
	集成创新机遇	各个创新要素和创新内容进行选择、集成和优化形成的创新机遇	
	创新意识机遇	由企业家勇于实践，大胆创新的引发	

续表

机遇类型	机遇因素	机遇来源	得分
经营者人因机遇	警觉性机遇	对企业环境高度的敏感性和持续关注性	
	个人特质机遇	个人所具有的引领他人努力、奋斗的个人特征	
	管理决策能力机遇	管理者具备相应的管理决策知识及经验	
	社会网络机遇	广阔的社会资源及信息来源	
	身体健康机遇	身体健康与否关乎管理者能力的发挥	
	先验知识机遇	先与经验的知识，便于做出理性判断	
重大创新项目机遇	项目质量机遇	项目预期质量或相关方质量要求	
	项目资金机遇	项目资金丰富、来源渠道广	
	行业熟悉及判断机遇	对未来行业发展的准确预判	
	项目协同机遇	由公司制度及企业文化等共同作用引起	
	项目人才机遇	由项目资源是否充足、易得或损坏等引起	
	项目管理能力机遇	合理管理企业运营，确保资源高效利用	
	项目信息获取及沟通能力机遇	所需信息自由流通，项目内部沟通无障碍，沟通能力较强	
	项目商业化能力机遇	因项目迎合大众，受欢迎，获得利益回报	
风险性机遇	政策风险性机遇	不利的政策措施蕴藏着有利机会	
	市场风险性机遇	市场快速变化，其不确定性带来的有利机会	
	技术风险性机遇	不稳定的技术环境机遇	
	国际环境风险性机遇	有利于企业发展地国际环境	

尊敬的被调查者，您好，如果您认为上面的指标并不完善，还需要补充一些指标，请您将您认为重要的指标补充在下面，谢谢您的支持。

①________________ ②________________

③________________ ④________________

备注：企业持续创新机遇是持续创新过程中有利于企业持续创新目标实现的形势，是企业持续创新目标和资源等客观因素耦合比较理想并有可能获取超常收益的时空区间。

附录 B　创新型企业持续创新机遇度量调查问卷

各位专家，您好！本研究是根据云南铜业集团目前的发展现状，对其未来可能存在的、有利于企业持续创新发展机遇的度量的问题，此次调查的目的是从以下机遇指标角度来判断云铜集团是否存在发展机遇。本调研问卷，采用五分制李克特量表对重要性进行打分，1—很弱，2—较弱，3—一般，4—较强，5—很强。专家类别(企业领导，国内学者，技术人员，国外学者，其他)(打钩)

附表 2　创新型企业持续创新机遇因素

机遇类型	机遇因素	机遇起源	得分
重大环境机遇(*E*)	政策、法律机遇	由利率、股价等变动引起	
	金融环境机遇	由市场波动及行业发生变化等引起	
	市场环境机遇	产品原材料易得及价格降低引起	
	生态环境机遇	有利政策和法规等的颁布、实施等引起	
	技术资源机遇	自然存在的有利于企业发展的因素	
	管理资源机遇	由企业拥有的管理人才带来的发展因素	
	资产资源机遇	由拥有的有利于企业持续发展的资产因素	
技术机遇(*R*)	模仿创新机遇	由技术创新的适应性带来的	
	合作创新机遇	项目创新的技术可复制、移植性等	
	集成创新机遇	技术互补、相互借鉴带来的机遇	
经营者人因机遇(*M*)	管理决策能力机遇	准确的意识表现为正确的决策行为及管理	
	先验知识机遇	好的道德素质表现出好的管理行为	
	创新意识机遇	管理者具有很强的管理能力	
	社会网络机遇	具有超前的观念、紧跟时代发展	
	项目管理能力机遇	具有较为成熟项目运行管理能力	
	信息获取和沟通能力机遇	便捷的信息获取能力和信息沟通传递优势	

续表

机遇类型	机遇因素	机遇起源	得分
重大项目机遇（G）	项目商业化能力机遇	具有较强的项目商业化运行能力	
	项目关键技术机遇	掌握、拥有实现技术突破的关键技术	
	项目资金机遇	较为充足的项目运行资金或资金来源广泛	
	项目人力资源机遇	拥有较为优秀的人力资源团队	
风险性机遇（Q）	政策风险性机遇	相关政策试点、实验期带来的	
	市场风险性机遇	市场快速变化，风险的反向转化	
	技术风险性机遇	技术风险的突破	
	国际风险性机遇	复杂国际环境的变化	

附录C 创新型企业持续创新机遇决策方案选择问卷

各位专家，您好！本研究是针对云南铜业集团目前发展现状及其机遇评价结果设计的机遇决策方案集，以下给出的四个机遇决策方案，请各位专家从利润最大、成本最小、损失最小、风险最小和后悔值最小五个方面，结合云南铜业集团的现状对机遇决策方案进行评价，从而选择出最满意的机遇决策方案。其中，为了研究的方便，本研究现已给出对方案评价的语言变量及其对应的代码，请将语言变量的对应代码填入表格中。(其中，机遇决策方案见第六章，此处不再赘述)

专家类别(战略决策专家，高层管理人员，中层管理人员)(打钩)

附表3 语言变量转化表

语言变量(代码)
Extreme poor (EP) / Extreme low (EL)
Very poor (VP) / Very low (VL)
Poor (P) / Low (L)
Medium poor (MP) / Medium low (ML)
Fair (F) / Medium (M)
Medium good (MG) / Medium high (MH)
Good (G) / High (H)
Very good (VG) / Very high (VH)
Extreme good (EG) / Extreme high (EH)

决策者决策表

方案属性	利润最大	成本最小	损失最小	风险最小	后悔值最小
	c_1	c_2	c_3	c_4	c_5
x_1					
x_2					
x_3					
x_4					

附录 D　企业持续创新机遇价值评价打分问卷——云南铜业

评价企业名称：云南铜业股份有限公司

评价企业持续创新机遇：废料回收重大机遇

附表 4　云南铜业股份有限公司持续创新机遇价值评分表

要素层	指标层	得分
机遇预期收益	新技术采用引起工业增加值预期增长率	
	新技术采用引起平均劳动生产率预期增加值	
	新技术产品预期销售收入占总收入比重	
	新技术产品预期市场占有率	
	新技术产品预期优势持续时间	
	预期获取的专利数	
	预期技术标准级别及数量	
	预期品牌创建效果	
	新技术每万元能效降低率	
	新技术环保性能	
机遇预期成本	预期 R&D 投入费用	
	达到盈亏平衡点预期所需时间	
	预期设备改造或更新费用	
	预期新技术产品市场开发费用	
	预期组织协调费用	
	时间机会成本	
	资源机会成本	
风险性指标	原材料来源风险	
	政策风险	
	产品市场风险	

续表

要素层	指标层	得分
	人力资源风险	
	资金资源风险	
	技术资源风险	
	资源转化能力风险	
	企业内部制度支撑能力风险	

请遵循收益越大分值越高和成本、风险越大分值越低的原则进行评分，谢谢！

附表 5　评分标准

含义	很差	较差	一般	较好	很好
得分	0～2	2～4	4～6	6～8	8～10

尊敬的专家，您好，本次问卷的评分遵循收益指标越大分值越高和成本、风险指标越大分值越低的原则。您在评分的过程中请依据评分标准对每一指标进行打分，您所打的分数既可以是整数也可以是小数(比如您认为某个指标得分在较好的范围，但是又很接近很好，您可以打 7.8 分来表达您的准确意思)。谢谢您对本研究的支持!

后　记

本书的出版得到国家自然科学基金项目“创新型企业持续创新机遇决策模式与机制研究”(71262016)、“创新型企业持续创新过程战略风险决策及预警研究”(71663058)、“西部资源型产业技术创新战略联盟稳定性建模及协同机制研究”(71663062)的资助，本书也是国家自然科学基金项目“创新型企业持续创新机遇决策模式与机制研究”(71262016)的阶段性研究成果。

本书以我国部分创新型企业实践为背景，以持续创新理论、机遇管理理论、决策理论和系统工程理论为基础，运用结构方程模型、属性测度、多属性决策等方法和技术，构建创新型企业持续创新机遇的决策模式与机制，从而实现提升创新型企业机遇决策能力和水平的目的。本项目的研究对于深化和完善持续创新理论，丰富和发展创新管理和机遇管理理论，具有重要的理论价值。同时，本书从持续创新的视角研究创新型企业建设，这也具有一定的理论意义。此外，本书从企业家心理、企业家精神、企业文化等方面分析影响企业家创新机遇决策行为的要素，从而设计创新型企业持续创新机遇决策机制，这对于进一步拓展系统工程和决策科学理论具有重要的理论价值。现实意义方面，本书为我国创新型企业，尤其是西部省区创新型企业在持续创新过程中更好地对重大机遇进行识别、评价并做出决策提供较强的借鉴和参考，并为政府管理部门支持创新型企业建设提供理论依据，从而为我国在2020年实现创新型国家的战略目标提供坚实保障，这具有重大的现实意义。

本书以大量的实地调研和一手数据收集为基础，课题组分赴云南省大理州、红河州、昆明市等州市对创新型企业发展现状进行深入调研，在当地政府的关心和支持下，与当地创新型企业展开了深入访谈，完成了 300 余份的调研问卷，收集了大量资料和数据，从而为本书的顺利完成奠定了坚实的基础。在此对参与本书调研和访谈的工作人员以及企业管理者付出的辛勤劳动表示衷心的感谢！

本书由段云龙、刘永松、杨立生、张颖作为主要负责人组织撰写，部分研究生也参与了本书的写作，余义勇、孙江辉、陈扬、王墨林、王烨、郭继敏、乐念、范添婷、王婉楠、庄园园参与了本书的修改、校对、文献收集、图表整理等工作，全书由段云龙统一审定、统稿。

本书的出版得到科学出版社孟锐等老师的大力支持和帮助，他们花费了大量的时间和精力进行排版和修改稿子，同时提出了很多宝贵的意见和建议。此外，在本书撰写过程中得到很多同事和老师的关心和支持，参考借鉴了大量国内外的相关文献和资料，在此表示衷心感谢！本书列出了主要的参考文献，若有遗漏，敬请谅解。

由于作者水平有限、时间仓促，疏漏和错误之处在所难免，敬请各位专家、读者批评指正。

作者

2018-1-10